스마트 IoT 프로젝트

스마트 IoT 프로젝트

스마트 온도 조절기, 머신 비전,
자율 주행 자동차 로봇 포함 다양한 사물 인터넷 구현

아구스 쿠니아완 지음 | 남기혁·윤여찬 옮김

지은이 소개

아구스 쿠니아완 Agus Kurniawan

강사, IT 컨설턴트, 저자로 활동하고 있다. 14년간 다양한 소프트웨어 및 하드웨어 개발 프로젝트를 경험했으며, 교육 프로그램과 워크샵을 위한 자료와 기술 문서도 저술했다. 12년 연속으로 Microsoft MVP(Most Valuable Professional)를 수상했다. 인도네시아 대학 및 삼성 R&D 인스티튜트 인도네시아 컴퓨터학과의 연구원으로, 네트워킹 및 보안 시스템 랩을 운영하며 여러 가지 연구와 강의 활동을 하고 있다. 또한 독일 베를린 자유 종합대학(Freie Universitat Berlin)에서 박사 과정 중이다. 블로그(http://blog.aguskurniawan.net)나 트위터(@agusk2010)를 통해 직접 만나볼 수도 있다.

기술 감수자 소개

포달 후앙 Phodal Huang

하드웨어 및 웹 개발 분야에서 6년 이상의 경력을 가진 개발자다. 시안 대학에서 교양학부를 졸업했으며, 현재는 소트웍스ThoughtWorks에서 컨설턴트로 일하고 있다. 미니 IoT 프로젝트(https://github.com/phodal/iot)를 진행하고 있으며, 중국어판 e-북인 『Design IoT』(http://designiot.phodal.com)를 저술하기도 했다. 그림 그리기와 글쓰기, 해킹을 즐기며, http://www.phodal.com이라는 개인 웹사이트도 운영하고 있다. 오픈소스 소프트웨어 개발 활동에도 적극적이다. 그가 참여하는 프로젝트를 보려면 https://github.com/phodal을 방문하기 바란다.

옮긴이 소개

남기혁(kihyuk.nam@gmail.com)

고려대 컴퓨터학과에서 학부와 석사 과정을 마친 후 한국전자통신연구원에서 선임 연구원으로 재직하고 있으며, 현재 (주)프리스티에서 네트워크 제어 및 검증 소프트웨어 관련 업무를 맡고 있다. 에이콘출판사에서 출간한 『GWT 구글 웹 툴킷』(2008), 『해킹 초보를 위한 USB 공격과 방어』(2011), 『자바 7의 새로운 기능』(2013), 『iOS 해킹과 보안 가이드』(2014), 『Neutron 오픈스택 네트워킹』(2015), 『실전 IoT 네트워크 프로그래밍』(2015), 『애플 워치 WatchKit 프로그래밍』(2015), 『현대 네트워크 기초 이론』(2016), 『도커 컨테이너』(2017), 『파이썬으로 배우는 인공지능』(2017) 등을 번역했다.

윤여찬(ycyoon@gmail.com)

고려대 컴퓨터학과에서 학부와 석사 과정을 마치고 한국전자통신연구원에서 선임 연구원으로 재직하고 있다. 자연어처리를 전공했으며 빅데이터 분석, 웹QA, 콘텐츠 분석 등의 연구를 진행했다.

현재는 빅데이터 분석, 콘텐츠 분석 등의 연구를 진행 중에 있으며 머신 러닝이나 인공지능 분야에 관심을 두고 연구를 진행하고 있다.

옮긴이의 말

IoT와 인공지능(머신 러닝)은 최근 몇 년 동안 IT 분야에서 가장 인기 있는 기술이 됐습니다. 두 기술에 대한 관심은 최근 들어 급증했지만, 그 기반을 이루는 이론과 기술은 사실 수십 년에 걸쳐 발전했습니다. 따라서 이러한 기술을 처음 접하는 이들과 이론보다는 응용에 관심 있는 개발자들은 오래된 역사와 기초 이론부터 파고들기보다는, 당장 실습할 수 있는 방식이 동기부여 측면이나 학습 효율 측면에서 유리합니다. 이 책은 바로 이러한 독자에게 적합하게 구성됐습니다. 핵심 주제별로 챕터를 구성하고, 각 세부 기술을 말과 수식이 아닌, 당장 실행 가능한 코드를 기반으로 소개합니다. 이 책이 IoT와 인공지능이라는 두 기술에 대한 기초를 다지고 다음 단계로 올라가는 데 도움이 되길 바랍니다.

차례

들어가며

사물 인터넷IoT, Internet of Things은 수많은 물리 장치를 인터넷에 연결하고 제어할 수 있게 해주는 획기적인 기술이다. 기본적인 기능을 제공하는 IoT 프로젝트는 많다. 좀 더 나아가 물리 장치로부터 수집한 데이터를 토대로 스스로 알아서 결정을 내리는 스마트 IoT 프로젝트를 만드는 것도 가능하다.

이 책은 IoT와 지능 시스템을 결합해 실생활의 문제를 해결하는데 꼭 필요한 참고 서적이다. 물리 장치에 의사 결정 시스템을 더욱 쉽게 구현할 수 있도록, 기본 통계 지식과 데이터 과학 및 머신 러닝에 관련된 여러 가지 응용 알고리즘을 소개한다. 이 책에서는 스마트 온도 조절기, 머신 비전, 자율 주행 자동차 로봇, 음성 명령으로 IoT 장치를 제어하는 방법, 클라우드를 이용해 IoT 애플리케이션을 만드는 방법, 데이터 과학에 관련된 다양한 지식 등을 다룬다.

아무쪼록 이 책을 통해 여러분의 실력을 한 단계 더 높일 수 있길 바란다.

이 책의 구성

1장. 스마트 IoT 프로젝트 아두이노나 라즈베리 파이와 같은 IoT 장치에서 센서와 액추에이터를 사용하는 방법에 대해 소개한다. 또한 통계와 데이터 과학에 관련된 파이썬 라이브러리도 소개한다.

2장. 의사 결정 시스템 IoT 장치에 의사 결정 시스템을 구축하는 방법에 대해 소개한다. 의사 결정 시스템에 관련된 파이썬 라이브러리를 살펴보고, 이를 활용해 IoT 보드에 의사 결정 시스템을 구현하는 프로그램을 직접 작성해 본다.

3장. 머신 비전　카메라를 통해 기계가 주변 환경을 인식하게 만드는 방법과 기계를 훈련시켜 특정한 물체를 감지하거나 추적하게 만드는 방법에 대해 소개한다. 이 과정에서 여러 가지 카메라 모듈도 소개한다.

4장. 자율 주행 자동차 로봇　자동차 로봇을 만드는 방법에 대해 소개한다. IoT 장치에 몇 가지 센서와 액추에이터를 달아서 사람의 개입 없이 알아서 움직이도록 만든다. 또한 컴퓨터를 통해 로봇을 제어하고 길을 찾아가는 방법에 대해서도 소개한다.

5장. 음성 기술　IoT 보드가 말을 할 수 있게 만드는 방법에 대해 소개한다. 이 과정에서 필요한 사운드 모듈과 스피치 모듈에 대해서도 다양하게 소개한다.

6장. 데이터 과학용 클라우드　IoT 프로젝트에서 클라우드 플랫폼을 활용하는 방법에 대해 소개한다. IoT 프로젝트에서 보드와 센서, 액추에이터뿐만 아니라, 이를 지원하는 백엔드 인프라스트럭처의 역할도 중요하다. IoT 보드를 여러 나라에 설치해두고 운용하려면 데이터를 수집하는 부분에 좀 더 신경 써서 구현해야 한다.

준비 사항

이 책의 예제를 실습하기 위해서는 다음과 같은 준비물이 필요하다.

- 아두이노 우노^{Uno} R3, MKR1000
    - 점퍼 케이블
    - LED
    - 330Ω 저항
- 라즈베리 파이 3 모델 B
    - 마이크로 SD 메모리(8GB 이상): 라즈비안 OS(제시^{Jessie} 버전) 설치
- 센서, 액추에이터, 쉴드, 모듈
    - 빛 센서: Grove-Light Sensor(P)
    - 온도, 습도 센서: DHT-22
    - 카메라: Pixy CMUcam5, Pan/Tilt for Pixy

- ○ 초음파 센서: HC-SR04
- ○ GPS: Ublox NEO-6M
- ○ 마이크: Electret Microphone Breakout

  https://www.sparkfun.com/products/12758
- ○ 블루투스 통신: HC-06
- ○ 사운드 액추에이터(passive buzzer):

  https://www.sparkfun.com/products/11089
- ○ WiFi Shield 101
- ○ 자동차 로봇: Pololu Zumo
- ○ 10 세그먼트 LED Bar Graph - RED

  https://www.sparkfun.com/products/9935
- ○ Speech & Sound 모듈: Easy VR 3, EasyVR Shield 3

  http://www.veear.eu/introducing-easyvr-3-easyvr-shield-3
- ○ 음성 합성 모듈

  Emic2: https://www.parallax.com/product/30016

  Emic2 for TTS: https://www.sparkfun.com/products/11711
- 클라우드 계정
  - ○ 아두이노 클라우드
  - ○ 마이크로소프트 애저

이 책의 대상 독자

이 책은 IoT 프로젝트에 다양한 머신 러닝 알고리즘을 구현하고 싶은 이들을 위해 집필했다. 이 책에서는 머신 러닝을 이용해 실생활에서 활용할 수 있는 IoT 응용을 제작하는 방법도 소개한다. 라즈베리 파이나 아두이노에 대해 전혀 모르더라도 괜찮다.

이 책의 편집 규약

이 책에서는 독자의 이해를 돕기 위해 정보의 종류에 따라 글꼴 스타일을 다르게 적용했다. 예를 들면 다음과 같다.

코드 인용, 데이터베이스 테이블 이름, 폴더와 파일 이름, 파일 확장자, 경로명, URL, 사용자 입력값, 트위터 핸들 등은 다음과 같이 표기했다.

"선형 회귀는 sm.OLS()로 구축한다."

코드는 다음과 같이 표기한다.

```
import RPi.GPIO as GPIO
import time

led_pin = 17
GPIO.setmode(GPIO.BCM)
GPIO.setup(led_pin, GPIO.OUT)
```

코드 블록에서 중요한 부분은 굵은 서체로 표기한다.

```
try:
    while 1:
        print("turn on led")
        GPIO.output(led_pin, GPIO.HIGH)
        time.sleep(2)
        print("turn off led")
        GPIO.output(led_pin, GPIO.LOW)
        time.sleep(2)

except KeyboardInterrupt:
    GPIO.output(led_pin, GPIO.LOW)
    GPIO.cleanup()

print("done")
```

커맨드 라인 입력이나 출력은 다음과 같이 표기한다.

```
$ mkdir gps_web
$ cd gps_web
$ nano gspapp.py
```

처음 소개하는 용어나 **중요한** 단어도 굵게 표시했다. 메뉴, 다이얼로그 박스 등과 같이 화면에 나타난 단어는 다음과 같이 표기했다.

"메뉴에서 **스케치 ❯ Include Library ❯ Manage Libraries**를 클릭하면, 다이얼로그 창이 하나 뜬다."

 주의해야 하거나 중요한 사항은 이 박스에 담았다.

 참고 사항이나 요령은 이 박스에 담았다.

독자 의견

이 책에 대한 독자의 의견은 언제나 환영한다. 좋은 점 또는 고쳐야 할 점에 대한 솔직한 의견은 앞으로 더 좋은 책을 발행하는 데 큰 도움이 된다.

독자 의견은 feedback@packtpub.com으로 메일을 보내면 된다. 이 때 이메일 제목에 구입한 책 제목을 적는다.

만약 독자 중에서 특정 분야에 일가견이 있어서 직접 책을 집필하고 싶다면 http://www.packtpub.com/authors를 참고하기 바란다.

고객 지원

이 책을 구입한 독자라면 출판사로부터 다음과 같은 지원을 받을 수 있다.

예제 코드 다운로드

이 책에 나온 모든 예제 프로그램에 대한 소스 코드는 http://www.packtpub.com/
support에서 다운로드할 수 있다. 구체적인 방법은 다음과 같다.

1. 위 웹사이트에 로그인하거나, 아직 등록하지 않았다면 사용하는 이메일과 비밀번
   호를 등록한 뒤 로그인한다.
2. 상단의 **SUPPORT** 탭에 마우스 포인터를 둔다.
3. **Code Downloads & Errata**를 클릭한다.
4. **Search** 박스에 이 책의 제목을 입력한다.
5. 이 책에 해당하는 페이지를 선택한다.
6. 드롭 다운 메뉴에서 이 책을 구입한 곳을 선택한다.
7. **Code Download**를 클릭한다.

예제 코드는 팩트 출판사 웹사이트의 이 책에 대한 웹 페이지에 있는 **Code Files** 버
튼을 클릭해도 다운로드할 수 있다. 이 페이지는 웹사이트 상단의 **Search** 박스에 책
제목을 입력하여 검색하면 찾을 수 있다. 이 때 팩트 사이트 계정이 있어야 한다.

다운로드한 파일은 압축된 형태로 제공된다. 따라서 다음과 같은 압축 프로그램의
최신 버전을 이용해 다운로드한 파일의 압축을 해제한다.

- 윈도우: WinRAR / 7-Zip
- 맥: Zipeg / iZip / UnRarX
- 리눅스: 7-Zip / PeaZip

이 책에 나온 예제 코드는 깃허브 페이지(https://github.com/PacktPublishing/
Smart-Internet-of-Things-Projects)를 통해서도 볼 수 있다. https://github.com/
PacktPublishing를 보면 팩트 출판사에서 나온 다른 책에 대한 코드와 비디오도 올
라와 있다. 관심있다면 참고하기 바란다.

오탈자

정확한 전달을 위해 항상 최선을 다하지만, 부득이 실수할 수도 있다. 이 책을 읽다가 발견한 본문 또는 예제 코드 부분을 알려준다면 매우 감사할 것이다. 이를 통해 다른 독자가 혼란을 겪지 않게 해줄 뿐만 아니라, 다음 버전에서는 완성도를 더욱 높여서 출간할 수 있다. 오탈자를 발견하면 http://www.packtpub.com/submit-errata 페이지의 Errata Submission Form에 신고해주기 바란다. 출판사에서 확인한 후 웹사이트에 그 내용을 공지하거나, 해당 책의 정오표 섹션에 이를 반영할 것이다.

지금까지 등록된 오탈자를 확인하려면 http://www.packtpub.com/books/content/support의 Search 항목에 책 제목을 입력하여 검색한 뒤, 해당 책 페이지로 가면 Errata 항목에 정오표가 올라와 있다. 한국어판은 에이콘출판사 웹사이트 http://www.acornpub.co.kr/book/smart-iot-projects에서 찾아볼 수 있다.

저작권 침해

인터넷을 통한 저작권 침해 행위는 모든 매체가 골머리를 앓고 있는 심각한 문제다. 팩트출판사 역시 저작권과 라이선스 보호에 굉장히 신경 쓰고 있으며 이와 관련하여 발생한 문제를 매우 심각하게 다루고 있다. 인터넷에서 어떤 형태로든 팩트 책의 불법 복제물을 발견한다면, 적절한 조치를 취할 수 있게 주소나 사이트명을 즉시 알려주길 부탁드린다.

의심스런 불법 복제물 링크를 발견하면 copyright@packtpub.com으로 알려주기 바란다. 이를 통해 저자를 보호하고 독자에게도 더 좋은 책을 만드는 데 도움될 것이다.

질문

이 책에 대해 궁금한 점이 있다면 questions@packtpub.com으로 문의하기 바란다. 최선을 다해 답변해드릴 것이다. 한국어판에 대한 질문은 에이콘출판사 편집 팀 (edit@acornpub.co.kr)으로 연락주기 바란다.

1

스마트 IoT 프로젝트

이 장에서는 먼저 통계의 기본 개념에 대해 가볍게 살펴본 후, 아두이노^Arduino나 라즈베리 파이^Raspberry Pi와 같은 IoT^Internet of Thing, 사물 인터넷 장치로 센서^sensor와 액추에이터^actuator1를 제어하는 방법에 대해 소개한다. 이 과정에서 통계 작업을 수행하거나 데이터를 처리하는 기능을 제공하는 여러 가지 파이썬 라이브러리도 소개한다. 여기서 소개한 라이브러리는 다른 장에서 예제를 만들 때 계속 활용한다.

이 장에서 다루는 주제는 다음과 같다.

- 통계 및 데이터 과학의 기초
- 다양한 IoT 장치 및 플랫폼
- IoT 장치에 장착된 센서와 액추에이터 다루는 방법
- 스마트한 IoT 장치 만드는 방법

그럼 본격적으로 시작해 보자.

---

1 시스템을 가동하거나 제어하는 데 쓰는 장치

통계 및 데이터 과학의 기초

특정한 도구를 이용하여 방 안의 온도를 매 시간 측정한다고 생각해 보자. 이렇게 구한 데이터는 에어컨의 구매 여부를 결정하는 데 중요한 기준이 될 수 있다. 측정한 온도 데이터는 다음과 같이 시간대별로 구분하여 정리할 수 있다.

시간	온도(섭씨)	시간	온도(섭씨)
01:00	18	13:00	28
02:00	17	14:00	29
03:00	18	15:00	28
04:00	19	16:00	27
05:00	20	17:00	25
06:00	20	18:00	24
07:00	21	19:00	24
08:00	22	20:00	23
09:00	22	21:00	22
10:00	24	22:00	20
11:00	25	23:00	19
12:00	26	24:00	19

이 테이블에 정리된 데이터로부터 의미 있는 사실을 도출하려면 몇 가지 통계 기법을 활용해야 한다. 따라서 평균^{mean}, 중앙값^{median}, 분산^{variance}, 표준 편차$^{standard\ deviation}$와 같은 기본적인 통계 용어를 이해할 필요가 있다.

데이터 샘플 n개에 대해 각각을 $x1$, $x2$, $x3$, $\cdots$, xn으로 표현했을 때, 이 데이터 샘플에 대한 평균, 중앙값, 분산, 표준 편차는 다음 공식을 통해 구할 수 있다.

$$\text{평균} = \bar{x} = \frac{\sum_{i=1}^{n} x_i}{n}$$

$$n\text{이 홀수일 경우, 중앙값} = \frac{n+1}{2} \text{에 있는 값}$$

$$n\text{이 짝수일 경우, 중앙값} = n/2\text{와 } (n/2)+1 \text{ 사이에 있는 값}$$

$$\text{분산} = s^2 = \frac{\sum_{i=1}^{n} (x_i - \bar{x})^2}{n-1}$$

$$\text{표준 편차} = s = \sqrt{\frac{\sum_{i=1}^{n} (x_i - \bar{x})^2}{n-1}}$$

 중앙값을 계산할 때는 데이터를 오름차순으로 정렬한다.

앞에 나온 표의 값을 이 공식에 대입하면 평균(22.5), 중앙값(22), 분산(12.348), 표준 편차(3.514)를 구할 수 있다.

측정한 데이터를 MS 엑셀 등을 활용하여 다음 그림과 같이 그래프로 표현하면 패턴을 쉽게 파악할 수 있다.

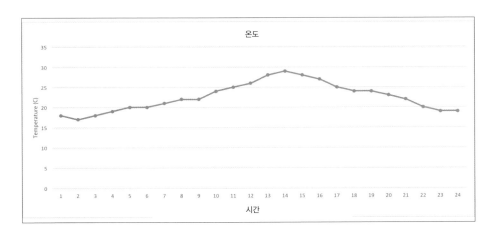

이 그래프를 통해 방안의 평균 온도는 섭씨 22.5도고, 최고 온도와 최저 온도는 각각 29도와 17도라는 것을 알 수 있다. 이렇게 도출한 정보를 통해 구매할 에어컨의 종류를 가늠할 수 있다.

여기서 좀 더 나아가서 하루가 아닌 한 주의 시간대별 방안 온도를 측정할 수도 있다. 측정 결과를 그래프로 표현하면 다음과 같다.

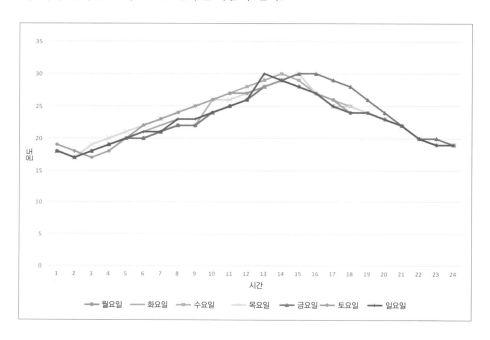

그래프를 보면 방안의 온도 변화가 요일마다 다르게 나타난다는 것을 알 수 있다. 이런 식으로 일년 동안 온도를 측정해 보면, 연간 온도 변화 추세를 파악할 수 있다. 이처럼 데이터 과학을 활용하면 데이터로부터 의미있는 사실을 도출할 수 있다. 여기에 몇 가지 통계 기법과 머신 러닝$^{machine\ learning}$ 기법을 가미하면 데이터의 변화에 대한 보다 정확하고 구체적인 사실을 알아낼 수 있다.

이 책에서는 데이터 과학과 머신 러닝을 실생활에 적용하는 방법에 대해 IoT 분야를 중심으로 기초부터 소개한다.

전산 통계와 데이터 과학 작업을 위한 파이썬 설치

파이썬Python은 현재 널리 사용되고 있는 범용 프로그래밍 언어다. 파이썬은 문법이 간결하고 다양한 API를 제공하기 때문에 구현 작업에 처음 들어갈 때 좋고 나중에 확장하기도 쉽다.

작업할 컴퓨터에 아직 파이썬이 설치되어 있지 않다면, https://www.python.org/downloads/에서 다운로드해서 설치한다. 설치가 끝나면 터미널(맥)이나 명령 프롬프트(윈도우) 창을 띄우고 다음과 같이 명령을 입력한다.

```
$ python
```

 실제로 터미널 창에 입력할 때는 $는 빼고 python만 입력한다. 이 명령은 파이썬 2.x 버전을 기준으로 표현한 것이다.

이 명령을 실행하면 다음과 같이 파이썬 프롬프트가 나타난다.

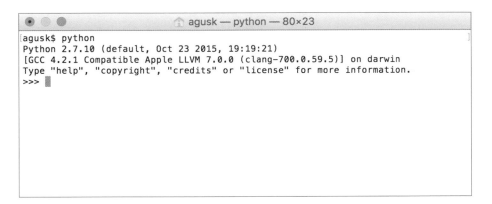

```
agusk$ python
Python 2.7.10 (default, Oct 23 2015, 19:19:21)
[GCC 4.2.1 Compatible Apple LLVM 7.0.0 (clang-700.0.59.5)] on darwin
Type "help", "copyright", "credits" or "license" for more information.
>>>
```

만일 파이썬 3을 설치했다면, 다음과 같이 입력한다.

```
$ python3
```

그러면 다음과 같이 파이썬 3 셸이 나타난다.

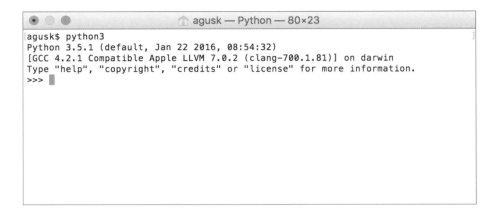

파이썬에 대한 자세한 사항은 다른 도서나 웹사이트 문서를 참조한다. 파이썬 공식 사이트에 있는 문서(https://www.python.org/doc/)를 추천한다. 빠른 언어 습득을 위해 시중에 나와 있는 파이썬 관련 서적도 함께 참고하면 좋다. 이 책에서는 파이썬 프로그래밍 언어의 기초에 대한 설명은 다루지 않는다.

전산 통계 및 데이터 과학에 관련된 파이썬 라이브러리

파이썬은 커뮤니티가 굉장히 활성화되어 있다. 커뮤니티의 규모도 크고, 구성원끼리 궁금한 점을 서로 가르쳐주고 여러 가지 정보도 공유하는 문화가 형성되어 있다. 그 중 일부 커뮤니티는 이 책의 주된 관심사인 전산 통계와 데이터 과학에 대한 주제로 오픈소스 활동을 하고 있다. 이 책에서 소개하는 예제는 이러한 커뮤니티에서 제공하는 라이브러리를 활용한다.

현재 통계와 데이터 과학에 관련된 파이썬 라이브러리로는 다음과 같은 것들이 나와 있다.

NumPy

NumPy(넘파이)는 효율적인 과학 연산을 수행하는 데 필요한 여러 가지 기본적인 기능을 제공하는 파이썬 패키지다. 이 라이브러리는 N차원 배열을 다루거나 C/C++나 포트란Fortran 코드와 통합하는 기능, 그리고 선형 대수, 푸리에 변환Fourier transform, 난수 등에 관련된 기능을 제공한다.

공식 웹 사이트는 http://www.numpy.org다.

Pandas

Pandas(판다스)는 데이터프레임DataFrame 오브젝트라 부르는 테이블 형태의 구조체를 처리하는 기능을 제공하는 라이브러리다. NumPy의 배열 오브젝트처럼 강력하고 효율적인 수치 연산 기능을 제공한다.

자세한 사항은 http://pandas.pydata.org를 참조한다.

SciPy

SciPy(싸이파이)는 NumPy 라이브러리를 확장한 것으로, 선형 대수, 보간법interpolation, 적분, 군집화clustering 등에 관련된 여러 가지 함수를 제공한다.

공식 웹사이트는 http://scipy.org/scipylib/index.html이다.

Scikit-learn

Scikit-learn(싸이킷런)은 파이썬으로 구현된 머신 러닝 라이브러리 중에서 대표적으로 손꼽히는 것으로, 데이터 전처리preprocessing data, 분류classification, 회귀regression, 군집화clustering, 차원 축소dimensionality reduction, 모델 선택model selection 등과 같은 다양한 기능을 제공한다.

자세한 사항은 http://scikit-learn.org를 참조한다.

Shogun

Shogun(쇼군)은 SVM(서포트 벡터 머신)$^{Support Vector Machines}$과 같은, 대용량 데이터 처리에 적합한 커널 함수 기반 방법에 특화된 파이썬용 머신 러닝 라이브러리다. 이 라이브러리는 다양한 SVM 구현을 제공한다.

공식 웹사이트는 http://www.shogun-toolbox.org다.

SymPy

SymPy(심파이)는 심볼릭 수학 연산 기능을 제공하는 파이썬 라이브러리다. 미적분, 대수, 기하, 이산 수학, 양자 물리 등에 관련된 기능을 제공한다.

공식 웹사이트는 http://www.sympygamma.org다.

Statsmodels

Statsmodels(스태츠모델스)는 데이터 처리, 통계 모델 예측, 데이터 테스트 등의 기능을 제공하는 파이썬 모듈이다.

자세한 사항은 공식 웹사이트인 http://statsmodels.sourceforge.net를 참조한다.

간단한 통계 프로그램 만들기

앞 절에서는 방안의 온도를 측정하는 예를 소개했다. 이번에는 스태츠모델스를 이용하여 앞에서 측정한 데이터에 대해 몇 가지 간단한 전산 통계 연산을 수행해 보자. 이를 위해 측정한 데이터에 대해 선형 회귀 모델을 만든다.

먼저 스태츠모델스 모듈을 설치한다. 이를 위해 넘파이, 싸이파이, 판다스, 팻시^{patsy}와 같은 라이브러리를 먼저 설치해야 한다. 따라서 이러한 라이브러리를 다음과 같이 pip로 설치한다.

```
$ pip install numpy scipy pandas patsy statsmodels
```

설치 과정에서 권한 문제가 발생하면 다음과 같이 pip 명령 앞에 sudo를 붙여서 실행한다.

$ sudo pip install numpy scipy pandas patsy statsmodels

pip가 설치되어 있지 않다면, https://pip.pypa.io/en/stable/installing에 나온 가이드라인을 참조하여 설치한다.

구축한 환경을 간단히 테스트하기 위해 다음과 같이 파이썬 프로그램을 작성해보자.

```python
import numpy as np
import statsmodels.api as sm

# 방안의 온도
Y = [18, 17, 18, 19, 20, 20, 21, 22, 22, 24, 25, 26, 28, 29, 28, 27, 25,
24, 24, 23, 22, 20, 19, 19]
X = range(1, 25)

X = sm.add_constant(X)

model = sm.OLS(Y, X)
results = model.fit()

# 화면에 출력한다.
print(results.params)
print(results.tvalues)

print(results.t_test([1, 0]))
print(results.f_test([np.identity(2)]))
```

이 프로그램은 sm.OLS()로 선형 회귀 모델을 만들고, model.fit()로 모델을 학습시킨 뒤 입력에 대한 결과를 추정한다. 마지막으로 연산의 결과를 화면에 출력한다. 작성한 코드는 ch01_linear.py 파일에 저장한다.

이제 다음과 같이 명령을 입력하여 프로그램을 실행해 보자.

```
$ python ch01_linear.py
```

파이썬 3을 설치했다면 다음과 같이 입력한다.

```
$ python3 ch01_linear.py
```

다음 그림은 파이썬 3에서 실행한 결과를 보여주고 있다.

```
codes — -bash — 80×18
[agusk$ python3 ch01_linear.py
[ 20.43478261   0.16521739]
[ 14.31244119   1.65345307]
                        Test for Constraints
===============================================================================
                 coef    std err          t      P>|t|      [95.0% Conf. Int.]
-------------------------------------------------------------------------------
c0            20.4348      1.428     14.312      0.000       17.474     23.396
===============================================================================
<F test: F=array([[ 530.44612737]]), p=2.4333902675836626e-19, df_denom=22, df_n
um=2>
agusk$
```

IoT 장치와 플랫폼

IoT 플랫폼은 인터넷을 통해 다른 플랫폼과 연결하고 상호 작용하는 기능을 제공한다. IoT와 관련된 주제 중에서도 플랫폼에 대해 설명하는 것만으로도 책 한 권을 채우고도 남는다. 따라서 이 절에서는 클라이언트측 IoT 플랫폼 중에서 현재 널리 사용되고 있는 몇 가지 장치만 간략히 소개한다.

아두이노

아두이노^{Arduino}는 현재 굉장히 널리 사용되고 있는 개발 보드다. 이 보드는 임베디드 커뮤니티에서 특히 인기가 많다. 아두이노 계열의 보드는 대부분 아트멜^{Atmel} AVR 프로세서를 사용하지만, 일부 모델은 아두이노와 협력 관계에 있는 다른 회사의 MCU를 장착한 것도 있다. 공식 아두이노 보드는 Arduino.cc와 Arduino.org에서 제작한다. 다른 회사에서 제작한 보드도 많이 나와 있는데, 이런 제품을 아두이노 호환^{Arduino-compatible} 보드라고 부른다. 아두이노 설립자는 처음부터 보드 회로도를 오픈소스로 공개했기 때문에 누구나 아두이노 보드를 제작해서 판매할 수 있다. 단, IoT 프로젝트를 구현할 때 시스템을 구성하는 보드와 소프트웨어는 가급적 한 회사의 제품으로 통일하는 것이 좋다.

아두이노 쉴드^{Arduino shield}를 사용하면 아두이노의 I/O 및 기능을 확장할 수 있다. 현재 블루투스^{Bluetooth}, 와이파이^{Wi-Fi}, GSM, 온도 및 습도 센서 등과 같은 다양한 종류의 쉴드가 나와 있다. 아두이노 쉴드를 사용하면 핵심 작업에 집중할 수 있다는 장점이 있다. 쉴드는 납땜할 필요 없이 그냥 아두이노 보드에 장착하기만 하면 된다.

이 절에서는 Arduino.cc에서 제공하는 아두이노 보드 중에서 몇 가지만 간단히 살펴본다. Arduino.cc에서 나온 보드를 모두 보고 싶다면 http://www.arduino.cc/en/Products/Compare를 참조하기 바란다. 이 절에서는 아두이노 우노^{Uno}, 아두이노 101, 아두이노 MKR1000에 대해 간략히 소개한다.

아두이노 우노^{Arduino Uno}는 아두이노 보드 중에서도 가장 많이 사용되는 모델이다. MCU로 ATmega328P 마이크로컨트롤러를 탑재하고 있으며, 다양한 센서와 액추에이터를 연결할 수 있도록 디지털 및 아날로그 I/O 핀을 제공한다. 아두이노 우노는 SPI와 I2C 프로토콜도 지원한다. 아두이노 우노에 대한 자세한 사항은 웹사이트에 있는 보드 사양서(http://www.arduino.cc/en/Main/ArduinoBoardUno)를 참조하기 바란다. 아두이노 우노 보드는 다음 그림처럼 생겼다.

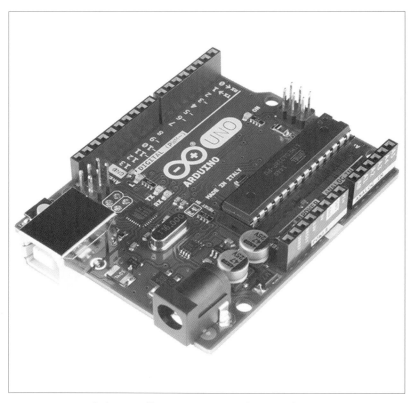

출처: https://www.sparkfun.com/products/11021

아두이노 101은 I/O 핀 구성이 아두이노 우노와 똑같지만 코어 모듈로 인텔 큐리^{Curie}를 탑재하고 있다(http://www.intel.com/content/www/us/en/wearables/wearable-soc.html). 또한 블루투스 모듈도 기본으로 장착하고 있다. 아두이노 101을 와이파이 네트워크에 연결하려면 와이파이 쉴드를 추가해야 한다. 구체적인 연결 방법은 아두이노 와이파이 쉴드 101 문서(http://www.arduino.cc/en/Main/ArduinoWiFiShield101)를 참고한다.

아두이노 101 보드는 아래 그림처럼 생겼다.

출처: https://www.sparkfun.com/products/13850

아두이노 MKR1000은 이 책을 집필하는 동안 새로 출시된 보드다. 아트멜 사의 ATSAMW25 SoC를 사용하고, 와이파이 모듈이 기본으로 탑재되어 있다. 이 보드는 다른 아두이노 플랫폼에 비해 IoT 솔루션을 제작하기 편하다. 와이파이 모듈인 WINC1500에서 SSL과 ECC508 암호화 인증CryptoAuthentication 기능을 지원하기 때문이다. 이 보드에 대한 자세한 사항은 http://www.arduino.cc/en/Main/ArduinoMKR1000을 참조한다.

아두이노 MKR1000 보드는 아래 그림처럼 생겼다.

출처: http://www.arduino.cc/en/Main/ArduinoMKR1000

라즈베리 파이

라즈베리 파이Raspberry Pi는 이벤 업튼Eben Upton이 개발한 신용카드 크기의 저가형 컴퓨터다. 일종의 교육용 미니 컴퓨터라 볼 수 있다. 라즈베리 파이에서 제공하는 전체 모델은 https://www.raspberrypi.org/products/에서 볼 수 있다. 이 절에서는 그 중에서 라즈베리 파이 3 모델 B와 라즈베리 파이 제로를 소개한다.

라즈베리 파이 3 모델 BRaspberry Pi 3 Model B는 라즈베리 파이 시리즈 중에서 3세대 모델에 해당한다. 쿼드코어 64비트 CPU를 장착하고 있으며, 와이파이와 블루투스 모듈을 기본으로 제공한다. IoT 솔루션을 제작하기 위한 용도로 강력 추천하는 모델이다.

라즈베리 파이 3 모델 B는 아래 그림처럼 생겼다.

출처: https://thepihut.com/collections/raspberry-pi/products/raspberry-pi-3-model-b

라즈베리 파이 제로Raspberry Pi Zero는 라즈베리 파이 모델 A+에 비해 크기가 절반 정도인 소형 컴퓨터다. 싱글 코어 CPU를 탑재하고 있으며, 네트워크 관련 모듈을 제공하지 않지만 모니터와 연결할 수 있도록 마이크로 HDMI 단자를 제공한다. 라즈베리 파이 제로는 네트워크 모듈이 없기 때문에 네트워크에 연결하려면 USB 이더넷이나 USB 와이파이와 같은 확장 모듈을 사용해야 한다.

라즈베리 파이 제로는 아래 그림처럼 생겼다.

출처: https://thepihut.com/collections/raspberry-pi-zero/products/raspberry-pi-zero

비글본 블랙 및 그린

비글본 블랙BBB, BeagleBone Black Rev C는 ARM Cortex™ A8 코어를 탑재한 AM335x 프로세서 기반의 개발 키트로서, 최대 1GHz 속도로 작동한다. BBB는 라즈베리 파이보다 강력한 기능을 제공한다. BBB 보드는 4GB 8비트 eMMC 플래시 메모리를 기본으로 장착하고 있다.

BBB는 데비안, 안드로이드, 우분투를 비롯한 다양한 OS를 지원한다. BBB에 대한 자세한 사항은 https://beagleboard.org/black을 참조한다.

비글본 블랙 보드는 아래 그림처럼 생겼다.

출처: http://www.exp-tech.de/beaglebone-black-rev-c-element14

씨드스튜디오^{SeedStudio}에서 제공하는 **비글본 그린**^{BBG, BeagleBone Green}은 BeagleBoard. org와 씨드스튜디오가 함께 개발한 보드다. 기본적으로 BBB와 동일한 기능을 제공하지만, HDMI 포트 대신 그루브^{Grove} 커넥터를 사용하기 때문에 가격이 BBB보다 저렴하다. 이 보드에 대한 자세한 사항과 구매 방법에 대해서는 http://www. seedstudio.com/depot/SeedStudio-BeagleBone-Green-p-2504.html을 참고한다.

BBG 보드는 아래 그림처럼 생겼다.

출처: http://www.seeedstudio.com/depot/SeeedStudio-BeagleBone-Green-p-2504.html

ESP8266 MCU 기반 IoT 보드

ESP8266은 TCP/IP가 통합된 저가형 와이파이 MCU다. 중국 제조사인 에스프레시프 시스템즈Espressif Systems에서 개발한 것으로, 이 칩에 대한 자세한 사항은 http://espressif.com/en/products/hardware/esp8266ex/overview를 참고한다.

현재 ESP8266 칩을 MCU로 사용하는 보드는 많이 나와 있다. 그 중 일부만 소개하면 다음과 같다.

* **노드엠씨유**NodeMCU: NodeMCU 펌웨어를 사용하며 루아Lua 프로그래밍 언어를 사용한다. 공식 웹사이트는 http://www.nodemcu.com/다.

- **스파크펀 ESP8266 씽**^{SparkFun ESP8266 Thing}: 스파크펀^{SparkFun}에서 개발한 보드로서 프로그래밍을 하려면 FTDI와 같은 시리얼 하드웨어를 사용해야 하며, LiPo(리튬 폴리머) 충전기가 내장되어 있다. 자세한 사항은 https://www.sparkfun.com/products/13231을 참고한다.
- **스파크펀 ESP8266 씽-데브**^{SparkFun ESP8266 Thing-Dev}: 이 보드도 스파크펀에서 제작한 것으로서, FTDI-USB 변환 도구를 기본적으로 제공하며 LiPo 충전기는 없다. 자세한 사항은 https://www.sparkfun.com/products/13711을 참고한다.
- **에이다프루트 HUZZAH ESP8266 Wi-Fi**: 에이다프루트^{Adafruit}에서 개발한 제품으로, 자세한 사항은 https://www.adafruit.com/products/2821을 참고한다.

ESP8266 칩에 대해 좀 더 알고 싶다면, ESP8266 포럼(http://www.esp8266.com)을 방문하기 바란다. 이 절에서는 노드엠씨유 v2와 스파크펀 ESP8266 씽에 대해 좀 더 자세히 살펴본다.

아래 그림은 노드엠씨유 v2 보드를 보여주고 있다.

출처: http://www.seeedstudio.com/depot/NodeMCU-v2-Lua-based-ESP8266-development-kit-p-2415.html

노드엠씨유 v2와 스파크펀 ESP8266 씽 보드는 둘 다 칩 제조사는 같지만 구체적인 모델은 다르다. 노드엠씨유 v2는 ESP8266 모듈을 사용하는 반면, 스파크펀 ESP8266 씽은 ESP8266EX 칩을 사용한다. 스파크펀 ESP8266 씽 보드는 외장 배터리를 연결할 수 있도록 LiPo 커넥터를 제공한다.

아래 그림은 스파크펀 ESP8266 씽 보드를 보여주고 있다.

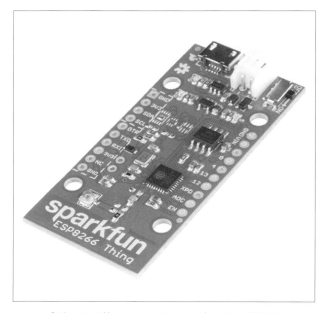

출처: https://www.sparkfun.com/products/13231

TI CC3200 MCU 기반 IoT 보드

TI CC3200은 텍사스 인스트루먼트Texas Instruments에서 개발한 ARM® Cortex®-M4 기반의 와이파이 MCU로서 IoT에 필요한 모든 기능을 탑재하고 있다. 이 칩은 와이파이 스테이션station 모드 뿐만 아니라 액세스 포인트Access Point, 와이파이 다이렉트Wi-Fi Direct 모드도 지원한다. WPA2 개인 및 엔터프라이즈 보안 기능과 WPS 2.0도 지원한다. 이 모듈에 대한 자세한 사항은 http://www.ti.com/product/cc3200를 참고한다.

텍사스 인스트루먼트 사는 IoT 개발과 디버깅에 관련된 모든 기능을 갖춘 심플링크 SimpleLink Wi-Fi CC3200 론치패드LaunchPad 평가 키트도 제공하고 있다.

아래 그림은 심플링크 Wi-Fi CC3200 론치패드 보드를 보여주고 있다.

출처: https://www.conrad.de/de/entwicklungsboard-texas-instrumentscc3200-launchxl-1273804.html

레드베어Redbear(http://redbear.cc)의 레드베어랩RedBearLab CC3200과 레드베어랩 Wi-Fi 마이크로 보드도 TI CC3200을 사용한다. 이 보드의 기능은 심플링크 Wi-Fi CC3200 론치패드와 거의 같지만, CC3200 디버거 툴은 빠져있다. 또한 심플링크 Wi-Fi CC3200 론치패드보다 가격이 저렴하다.

아래 그림은 레드베어랩 CC3200 보드를 보여주고 있다.

출처: http://www.exp-tech.de/redbearlab-cc3200

IoT 장치로 센서와 액추에이터 제어하기

이번 절에서는 IoT 장치로 센서와 액추에이터를 사용하는 방법에 대해 살펴보자. IoT 장치는 센서와 액추에이터 장치를 통해 외부 환경으로부터 데이터를 수집하거나 외부 환경과 상호 작용하기 때문에 센서와 액추에이터를 잘 다룰 수 있어야 한다. 이 절에서는 Arduino.cc에서 제작한 아두이노와 라즈베리 파이 보드를 사용한다.

아두이노로 센서와 액추에이터 제어하기

아두이노로 개발할 때는 대부분 스케치^{Sketch}라는 간단한 프로그래밍 언어를 사용한다. C/C++과 문법이 비슷하다.

개발에 들어가기 위해 먼저 https://www.arduino.cc/en/Main/Software에서 아두이노 소프트웨어를 다운로드하여 설치한 뒤, http://www.arduino.cc/en/Reference/HomePage에서 아두이노 API를 살펴본다.

스케치 API는 다음과 같은 디지털 및 아날로그 I/O 관련 함수를 제공한다.

- `digitalRead()`: 아두이노의 디지털 핀에서 데이터를 읽는다.
- `digitalWrite()`: 아두이노의 디지털 핀에 데이터를 쓴다.
- `analogRead()`: 아두이노의 아날로그 핀에서 데이터를 읽는다.
- `analogWrite()`: 아두이노의 아날로그 핀에 데이터를 쓴다.

이 절에서는 아두이노에서 아날로그 및 디지털 I/O 연산을 수행하는 방법을 소개한다. 이를 위해 라이트 센서$^{light\ sensor}$(광센서, 조도센서) 한 개를 사용한다. 저렴한 라이트 센서로 LDR이나 포토레지스터^{Photoregistor}가 있다. 씨드스튜디오에서 개발한 그로브 - 라이트 센서(P)$^{Grove\ -\ Light\ Sensor(P)}$라는 모듈도 있다. 이 모듈에 대한 자세한 사항은 http://www.seeedstudio.com/depot/Grove-Light-SensorP-p-1253.html에서 확인할 수 있다. 이 모듈은 네 개의 핀으로 구성되어 있는데, 아두이노 보드에 연결할 때는 VCC와 GND만 연결한다. 그리고 SIG 핀은 아두이노 보드의 아날로그 핀에 연결한다. 아래 그림은 그로브 - **라이트 센서(P)**를 보여주고 있다.

출처: http://www.seeedstudio.com/depot/Grove-Light-SensorP-p-1253.html

테스트에 필요한 준비물은 다음과 같다.

- 점퍼 케이블
- 라이트 센서 모듈(http://www.seeedstudio.com/depot/Grove-Light-SensorP-p-1253.html)

이제 디지털 6번과 7번 핀을 연결한다. 그리고 LDR 모듈의 SIG 핀을 A0에 연결한다. LDR의 VCC와 GND 핀은 3V3과 GND에 연결한다. 이렇게 연결한 모습을 그림으로 표현하면 다음과 같다.

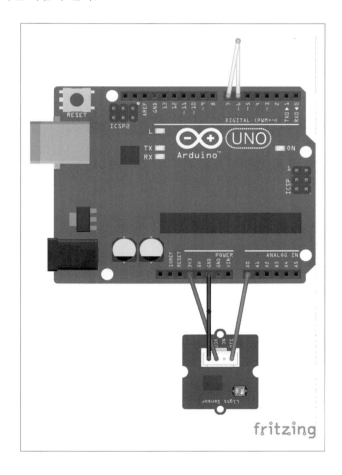

이 그림은 프릿징^{Fritzing}(http://fritzing.org)으로 그린 것이다. 프릿징은 윈도우와 리눅스, 맥 버전이 나와 있으며, 여러 가지 전자 부품으로 구성된 보드에 대한 회로도를 그릴 때 유용하다. 프릿징은 다양한 전자 부품을 지원하고 있으며, 직접 제작했거나 인터넷에서 다운로드한 부품을 따로 추가할 수도 있다.

앞에서 설명한 방법을 따라 보드를 구성하면 다음과 같다.

이제 아두이노 프로그램을 작성해 보자. 아두이노 IDE를 실행한 뒤 다음과 같이 코드를 작성한다.

```
int dig_output = 7;
int dig_input = 6;
int analog_input = A0;
```

```
int digital_val = LOW;

void setup() {
  Serial.begin(9600);

  pinMode(dig_output, OUTPUT);
  pinMode(dig_input, INPUT);
}

void loop() {

  digitalWrite(dig_output, digital_val);
  int read_digital = digitalRead(dig_input);
  Serial.print("Digital write: ");
  Serial.print(digital_val);
  Serial.print(" read: ");
  Serial.println(read_digital);

  int ldr = analogRead(analog_input);
  Serial.print("Analog read: ");
  Serial.println(ldr);

  if(digital_val==LOW)
    digital_val = HIGH;
  else
    digital_val = LOW;

  delay(1000);
}
```

그런 다음 이 프로그램을 ArduinoIO라는 이름으로 저장하고, 아두이노 소프트웨어
를 통해 보드에 올린다.

다 올렸다면 아두이노 소프트웨어의 도구 메뉴에 있는 시리얼 모니터^{Serial Monitor}를 실행한다.

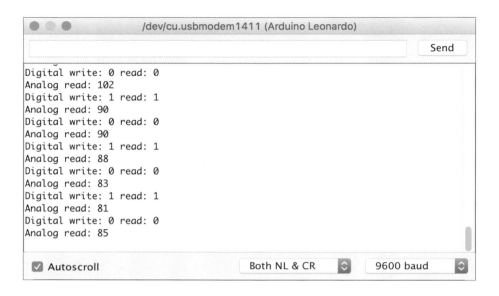

앞에서 작성한 예제 프로그램은 디지털 핀 7번에 들어온 디지털 데이터(High 또는 Low 값)를 디지털 핀 6번으로 보낸다. LDR 모듈로 측정한 빛의 양은 analogRead() 를 통해 A0 핀에서 읽을 수 있다.

두 번째 예제로, 센서 장치를 통해 온도와 습도를 측정하자. 예제에서는 DHT-22 센서를 사용한다. (DHT-22의 또 다른 명칭인) RHT03는 저가형 온도 및 습도 센서로서, 하나의 디지털 인터페이스가 달려 있다. 이 모듈은 스파크펀(https://www.sparkfun.com/products/10167)이나 에이다프루트(https://www.adafruit.com/products/393)에서 판매하고 있으며, 동네 전자 부품점이나 온라인 샵에서 구매할 수도 있다.

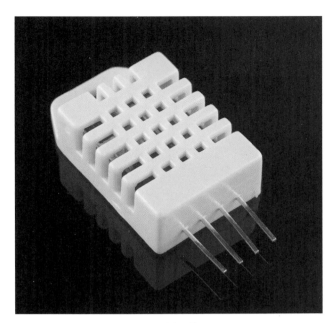

DHT-22 모듈
출처: https://www.adafruit.com/products/385

DHT-22 모듈에 대한 자세한 사항은 http://cdn.sparkfun.com/datasheets/ Sensors/Weather/RHT03.pdf에 나온 데이터시트를 참고한다.

이제 DHT-22를 아두이노에 연결한다. 방법은 다음과 같다.

- VDD(1번 핀)은 아두이노의 V3V 핀에 연결한다.
- SIG(2번 핀)은 아두이노의 디지털 핀 8번에 연결한다.
- GND(4번 핀)은 아두이노의 GND에 연결한다.

회로도는 다음과 같다.

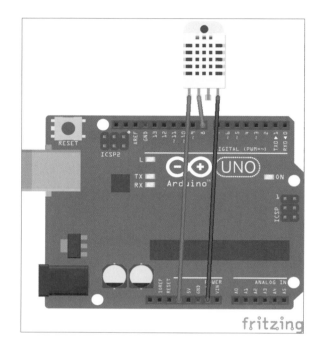

저자가 구성한 보드는 다음과 같다.

아두이노에 장착한 DHT-22는 에이다프루트에서 제작한 DHT 센서 라이브러리 (https://github.com/adafruit/DHT-sensor-library)로 제어한다. 이 라이브러리는 아두이노 소프트웨어에서 설치할 수 있다. 메뉴에서 **스케치**^{Sketch} ❭ Include Library ❭ Manage Libraries를 클릭하면 창이 하나 뜬다.

라이브러리 관리자^{Library Manager}에서 dht로 검색한다. 그러면 에이다프루트에서 만든 DHT 센서 라이브러리가 나타난다. 이 라이브러리를 설치한다.

설치가 끝나면 아두이노 소프트웨어에서 프로그램을 작성한다. 예를 들어 DHT-22 모듈에서 온도와 습도를 읽는 프로그램을 아래와 같이 작성할 수 있다.

```
#include "DHT.h"

// DHT22 정의하기
#define DHTTYPE DHT22
// DHT22의 핀 정의하기
#define DHTPIN 8
```

```
DHT dht(DHTPIN, DHTTYPE);

void setup() {
  Serial.begin(9600);
  dht.begin();
}

void loop() {
  delay(2000);

  // 온도나 습도를 읽는데 대략 250ms 가량 걸린다.
  // 따라서 센서로 읽은 값은 2초 이상 지난 값이다. (센서가 굉장히 느린 편이다.)
  float h = dht.readHumidity();
  // 온도를 (디폴트 단위인) 섭씨로 읽는다.
  float t = dht.readTemperature();

  // 읽기에 실패해서 일찍 종료되지 않았는지 확인한다.
  // 만일 그랬다면 다시 시도한다.
  if (isnan(h) || isnan(t)) {
    Serial.println("Failed to read from DHT sensor!");
    return;
  }

  // 체감 온도를 섭씨 단위로 계산한다. (isFahrenheit = false)
  float hic = dht.computeHeatIndex(t, h, false);

  Serial.print("Humidity: ");
  Serial.print(h);
  Serial.print(" %\t");
  Serial.print("Temperature: ");
  Serial.print(t);
  Serial.print(" *C\t");
  Serial.print("Heat index: ");
  Serial.print(hic);
  Serial.println(" *C ");
}
```

이렇게 작성한 프로그램을 ArduinoDHT란 이름으로 저장하고 컴파일한 뒤, 아두이노 보드에 올린다. 그러고 나서 시리얼 모니터를 열어보면 다음과 같이 온도와 습도 데이터가 표시되는 것을 확인할 수 있다.

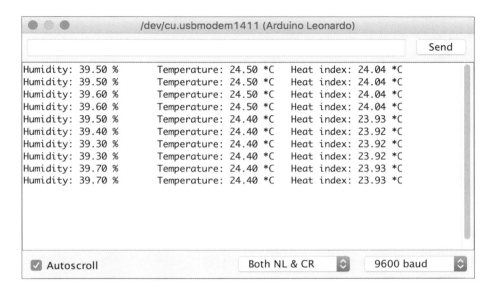

프로그램의 작동 과정을 간략히 설명하면 다음과 같다.

먼저 setup() 함수에서 dht.begin()을 호출하여 DHT 모듈을 초기화한다. 그리고 온도와 습도를 읽기 위해 dht.readTemperature()와 dht.readHumidity()를 호출한다. 다음으로 체감 온도를 구하기 위해 dht.computeHeatIndex() 함수를 호출한다.

라즈베리 파이로 센서와 액추에이터 제어하기

이 책의 예제에서 다양한 보드를 사용하는데, 그 중 하나가 라즈베리 파이다. 이 절에서는 라즈베리 파이로 센서와 액추에이터 장치를 제어하는 방법에 대해 알아본다. 테스트는 라즈베리 파이 3로 진행한다.

설정 방법

라즈베리 파이를 사용하기 앞서, 먼저 보드에 OS부터 설치해야 한다. OS는 마이크로SD 카드에 설치하고, 마이크로SD 카드의 용량은 8GB 이상을 사용하는 것이 좋다. 라즈베리 파이에서 사용할 수 있는 OS는 다양하다. 설치 가능한 OS 목록은 https://www.raspberrypi.org/downloads/에서 확인할 수 있다.

이 책에서는 예제 테스트를 위한 라즈베리 파이용 OS로 라즈비안^{Raspbian}(https://www.raspberrypi.org/downloads/raspbian/)을 사용한다. 라즈비안은 데비안을 라즈베리 파이에 최적화한 버전이다. 구체적인 설치 과정은 https://www.raspberrypi.org/documentation/installation/installing-images/README.md를 참조한다. 라즈비안은 라즈베리 파이에서 사용할 수 있는 여러 가지 OS 중 하나일 뿐이다. https://www.raspberrypi.org/downloads/에 나와 있는 다른 OS를 사용해도 된다.

라즈베리 파이 GPIO 다루기

라즈비안 최신 버전(제시^{Jessie} 이상)을 설치했다면 와이어링파이^{wiringPi} 모듈(http://wiringpi.com)이 함께 설치되어 있을 것이다. 라즈베리 파이의 터미널에서 다음과 같이 명령을 실행하면 와이어링파이 모듈의 버전을 확인할 수 있다.

```
$ gpio -v
```

그러면 다음과 같은 형태로 현재 시스템에 설치된 와이어링파이 버전이 화면에 출력된다.

```
● ● ●      Documents — pi@raspberrypi: ~ — ssh pi@192.168.0.12 — 80×17
pi@raspberrypi:~ $ gpio -v
gpio version: 2.32
Copyright (c) 2012-2015 Gordon Henderson
This is free software with ABSOLUTELY NO WARRANTY.
For details type: gpio -warranty

Raspberry Pi Details:
  Type: Pi 3, Revision: 02, Memory: 1024MB, Maker: Sony
  * Device tree is enabled.
  * This Raspberry Pi supports user-level GPIO access.
    -> See the man-page for more details
    -> ie. export WIRINGPI_GPIOMEM=1
pi@raspberrypi:~ $ ▉
```

또한 다음과 같이 명령을 실행하여 라즈베리 GPIO의 레이아웃을 확인할 수 있다.

```
$ gpio - readall
```

그러면 다음 그림처럼 라즈베리 파이의 레이아웃이 화면에 출력된다. 이 때 라즈베리 파이의 모델 버전도 감지하는데, 저자는 라즈베리 파이 3를 사용하기 때문에 이에 대한 정보가 출력됐다.

```
● ● ●        Documents — pi@raspberrypi: ~ — ssh pi@192.168.0.12 — 80×28
pi@raspberrypi:~ $ gpio readall
+-----+-----+---------+------+---+---Pi 3---+---+------+---------+-----+-----+
| BCM | wPi |   Name  | Mode | V | Physical | V | Mode |  Name   | wPi | BCM |
+-----+-----+---------+------+---+----++----+---+------+---------+-----+-----+
|     |     |    3.3v |      |   |  1 ||  2 |   |      | 5v      |     |     |
|   2 |   8 |   SDA.1 |  IN  | 1 |  3 ||  4 |   |      | 5V      |     |     |
|   3 |   9 |   SCL.1 |  IN  | 1 |  5 ||  6 |   |      | 0v      |     |     |
|   4 |   7 |  GPIO. 7|  IN  | 1 |  7 ||  8 | 1 | ALT5 | TxD     | 15  | 14  |
|     |     |      0v |      |   |  9 || 10 | 1 | ALT5 | RxD     | 16  | 15  |
|  17 |   0 |  GPIO. 0|  IN  | 0 | 11 || 12 | 0 | IN   | GPIO. 1 | 1   | 18  |
|  27 |   2 |  GPIO. 2|  IN  | 0 | 13 || 14 |   |      | 0v      |     |     |
|  22 |   3 |  GPIO. 3|  IN  | 0 | 15 || 16 | 0 | IN   | GPIO. 4 | 4   | 23  |
|     |     |    3.3v |      |   | 17 || 18 | 0 | IN   | GPIO. 5 | 5   | 24  |
|  10 |  12 |    MOSI |  IN  | 0 | 19 || 20 |   |      | 0v      |     |     |
|   9 |  13 |    MISO |  IN  | 0 | 21 || 22 | 0 | IN   | GPIO. 6 | 6   | 25  |
|  11 |  14 |    SCLK |  IN  | 0 | 23 || 24 | 1 | IN   | CE0     | 10  | 8   |
|     |     |      0v |      |   | 25 || 26 | 1 | IN   | CE1     | 11  | 7   |
|   0 |  30 |   SDA.0 |  IN  | 1 | 27 || 28 | 1 | IN   | SCL.0   | 31  | 1   |
|   5 |  21 |  GPIO.21|  IN  | 1 | 29 || 30 |   |      | 0v      |     |     |
|   6 |  22 |  GPIO.22|  IN  | 1 | 31 || 32 | 0 | IN   | GPIO.26 | 26  | 12  |
|  13 |  23 |  GPIO.23|  IN  | 0 | 33 || 34 |   |      | 0v      |     |     |
|  19 |  24 |  GPIO.24|  IN  | 0 | 35 || 36 | 0 | IN   | GPIO.27 | 27  | 16  |
|  26 |  25 |  GPIO.25|  IN  | 0 | 37 || 38 | 0 | IN   | GPIO.28 | 28  | 20  |
|     |     |      0v |      |   | 39 || 40 | 0 | IN   | GPIO.29 | 29  | 21  |
+-----+-----+---------+------+---+----++----+---+------+---------+-----+-----+
| BCM | wPi |   Name  | Mode | V | Physical | V | Mode |  Name   | wPi | BCM |
+-----+-----+---------+------+---+---Pi 3---+---+------+---------+-----+-----+
pi@raspberrypi:~ $
```

라즈베리 파이에서 GPIO로 작업하기 좋도록, 최신 버전의 라즈비안에는 파이썬 버전의 RPi.GPIO 라이브러리(https://pypi.python.org/pypi/RPi.GPIO)도 함께 설치되어 있다. 따라서 별도로 설치할 필요 없이 곧바로 사용하면 된다.

라즈베리 파이의 GPIO를 테스트하기 위해 GPIO11(BCM17)에 LED를 하나 연결한다. 회로를 연결하는 방법은 다음과 같다.

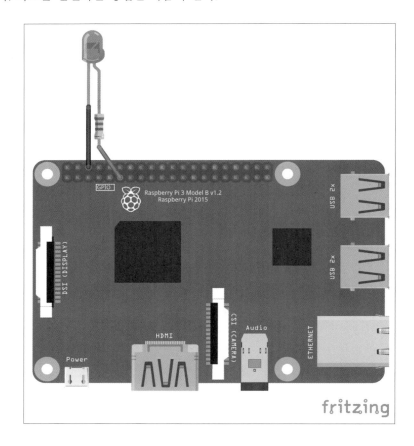

이제 원하는 편집기에서 다음과 같이 파이썬 프로그램을 작성한다.

```
import RPi.GPIO as GPIO
import time

led_pin = 17
GPIO.setmode(GPIO.BCM)
GPIO.setup(led_pin, GPIO.OUT)

try:
```

```
    while 1:
        print("turn on led")
        GPIO.output(led_pin, GPIO.HIGH)
        time.sleep(2)
        print("turn off led")
        GPIO.output(led_pin, GPIO.LOW)
        time.sleep(2)

except KeyboardInterrupt:
    GPIO.output(led_pin, GPIO.LOW)
    GPIO.cleanup()

    print("done")
```

이 코드는 다음과 같은 작업을 수행한다.

- `GPIO.setmode(GPIO.BCM)`로 GPIO 타입을 설정한다. 여기서는 GPIO.BCM 모드로 지정했다. GPIO.BCM으로 지정하면 GPIO 값을 GPIO 레이아웃의 **BCM** 열에서 볼 수 있다.
- `GPIO.setup()`을 호출하여 출력 모드로 사용할 GPIO를 정의한다.
- 디지털 출력은 `GPIO.output()`을 호출하는 방식으로 지정한다. 디지털 출력으로 1을 보내려면 GPIO.HIGH를 지정하고, 0을 보낼 때는 GPIO.LOW을 지정한다.

이 코드를 ch01_led.py라는 이름으로 파일에 저장한다.

이제 라즈베리 파이 터미널에서 다음과 같이 명령을 입력하여 방금 작성한 프로그램을 실행해 보자.

$ sudo python ch01_led.py

프로그램을 실행할 때 보안 접근 권한을 가지도록 sudo를 붙였다. 라즈베리 파이의 하드웨어 I/O에 접근할 때는 관리자 권한이 필요하다.

프로그램을 실행하면 LED가 깜박이며, 아래 화면에서 보는 바와 같이 프로그램이 응답을 받는 것을 볼 수 있다.

```
Documents — pi@raspberrypi: ~/Documents/book — ssh pi@192.168.0.12 — 8...
[pi@raspberrypi:~ $ cd Documents/book/
[pi@raspberrypi:~/Documents/book $ python ch01_led.py
turn on led
turn off led
turn on led
turn off led
turn on led
turn off led
turn on led
turn off led
turn on led
turn off led
turn on led
```

센서로 외부 감지하기

이 절에서는 라즈베리 파이에서 센서를 사용하는 방법에 대해 살펴본다. 주위 환경의 온도와 습도 정보를 구하기 위해 DHT-22 센서를 사용한다.

파이썬을 이용하여 DHT-22에 접근하기 위해 에이다프루트의 파이썬용 DHT 센서 라이브러리를 사용한다. 이 모듈에 대한 자세한 사항은 https://github.com/adafruit/Adafruit_Python_DHT를 참고한다.

에이다프루트 파이썬 DHT 센서 라이브러리를 빌드하려면 몇 가지 라이브러리를 먼저 설치해야 한다. 라즈베리 파이 터미널에서 다음과 같이 명령을 입력하여 필요한 라이브러리를 설치한다.

```
$ sudo apt-get update
$ sudo apt-get install build-essential python-dev
```

그러고 나서 에이다프루트 파이썬 DHT 센서 라이브러리를 다운로드해서 설치한다.

```
$ git clone https://github.com/adafruit/Adafruit_Python_DHT
$ cd Adafruit_Python_DHT
$ sudo python setup.py install
```

다 설치했다면 DHT-22 모듈을 아래와 같은 방법에 따라 보드에 연결한다.

- DHT-22의 1번 핀(VDD)을 라즈베리 파이의 3.3V 핀에 연결한다.
- DHT-22의 2번 핀(SIG)을 라즈베리 파이의 GPIO23(BCM 열 참조)에 연결한다.
- DHT-22의 4번 핀(GND)을 라즈베리 파이의 GND 핀에 연결한다.

다 연결하면 아래 그림과 같이 구성된다.

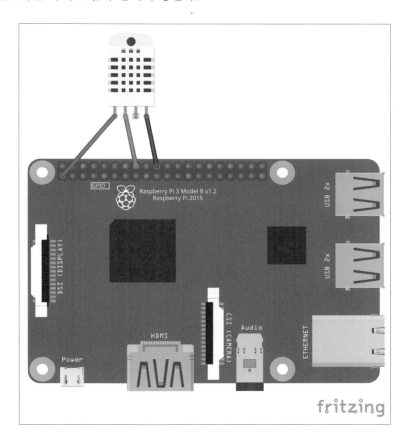

이제 파이썬 프로그램을 작성한다. 코드는 다음과 같다.

```python
import Adafruit_DHT
import time

sensor = Adafruit_DHT.DHT22

# DHT22와 연결할 라즈베리 파이의 핀
pin = 23

try:
    while 1:
        print("reading DHT22...")
        humidity, temperature = Adafruit_DHT.read_retry(sensor, pin)

        if humidity is not None and temperature is not None:
            print('Temp={0:0.1f}*C Humidity={1:0.1f}%'.format(temperature,
humidity))

            time.sleep(2)

except KeyboardInterrupt:
    print("exit")

print("done")
```

이 프로그램을 ch01_dht22.py라는 이름으로 파일에 저장한다. 그리고 나서 라즈베리 파이 터미널에서 다음과 같이 명령을 입력하여 이 프로그램을 실행한다.

```
$ sudo python ch01_dht22.py
```

그러면 다음 화면과 같이 결과가 출력된다.

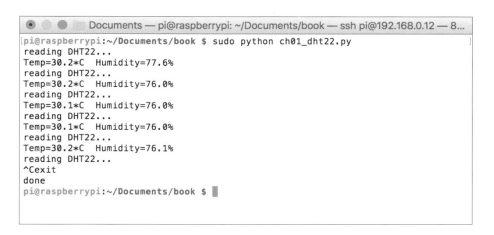

```
[pi@raspberrypi:~/Documents/book $ sudo python ch01_dht22.py
reading DHT22...
Temp=30.2*C  Humidity=77.6%
reading DHT22...
Temp=30.2*C  Humidity=76.0%
reading DHT22...
Temp=30.1*C  Humidity=76.0%
reading DHT22...
Temp=30.1*C  Humidity=76.0%
reading DHT22...
Temp=30.2*C  Humidity=76.1%
reading DHT22...
^Cexit
done
pi@raspberrypi:~/Documents/book $
```

이 프로그램의 작동 과정을 한 번 살펴보자.

먼저 Adafruit_DHT.DHT22을 호출하여 DHT 모듈의 타입을 지정한다. 그리고 라즈베리 파이 보드의 어느 핀에 DHT-22를 연결할지를 설정한다. 예제에서는 GPIO23(BCM)을 지정했다.

온도와 습도 데이터를 가져오기 위해 Adafruit_DHT.read_retry(sensor, pin)를 호출한다. 리턴 값이 NULL일 경우를 대비하여 if 조건문으로 NULL 값이 아닌지 확인하고 넘어가도록 작성했다.

스마트 온도 조절기 만들기

이번에는 방안의 온도를 스스로 조절하는 스마트 온도 제어기를 만들어보자. 온도는 PID$^{proportional-integral-derivative}$ 방식으로 제어한다. 원하는 온도를 설정해두면 PID 제어기는 현재 온도에 따라 방안의 공기를 차갑게 하거나 따뜻하게 한다. PID 제어 프로그램은 파이썬으로 작성하며 라즈베리 파이 보드에서 구동한다.

예제에서는 히터나 에어컨이 릴레이^{relay} 모듈을 통해 연결되어 있다고 가정한다. 온도를 높이거나 낮출 때는 릴레이에 HIGH 신호를 보내면 히터나 에어컨이 작동한다.

이제 본격적으로 만들어 보자.

PID 제어기

PID는 산업용 제어기에서 널리 사용되고 있는 대표적인 제어 알고리즘이다. PID 제어기는 센서로 읽은 값에 대해 비례 연산과 적분 연산, 미분 연산을 수행하고 각각의 결과 값을 모두 더해서 액추에이터에 출력할 값을 계산한다.

범용 PID 제어기의 구조를 그림으로 표현하면 다음과 같다.

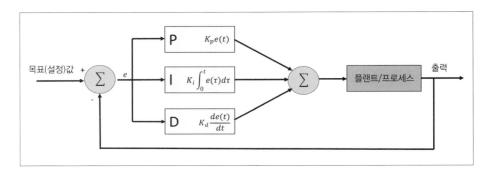

이러한 PID 제어 과정을 수식으로 표현하면 다음과 같다.

$$u(t) = K_p e(t) + K_i \int_0^t e(\tau) d\tau + K_d \frac{de(t)}{dt}$$

여기서 K_p, K_i, K_d는 각각 비례, 적분, 미분 연산에 대한 계수로서 이득 또는 게인gain이라고도 부르며 양의 값을 가진다. 변수 e는 원하는 입력 값 i와 실제 출력된 값인 y의 차인 추적 오차tracking error를 가리킨다. 오차 신호 e는 PID 제어기로 전달한다.

파이썬으로 PID 제어기 만들기

이제 본격적으로 PID 제어기를 만들어 보자. PID 제어기는 파이썬 프로그램으로 구현한다. 작성할 코드를 순서도로 표현하면 다음과 같다.

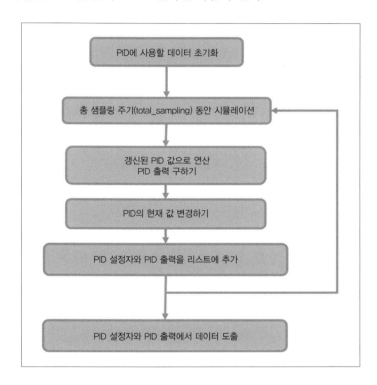

PID 라이브러리를 처음부터 직접 작성할 필요는 없다. 기존에 PID 제어기 공식을 구현한 파이썬 코드를 활용하면 된다. 예제는 https://github.com/ivmech/ivPID에서 제공하는 PID 클래스로 작성했다. PID.py 파일은 다음과 같이 구성되어 있다.

```
import time

class PID:
    """PID 제어기
    """

    def __init__(self, P=0.2, I=0.0, D=0.0):
```

```python
        self.Kp = P
        self.Ki = I
        self.Kd = D

        self.sample_time = 0.00
        self.current_time = time.time()
        self.last_time = self.current_time

        self.clear()

    def clear(self):
        """PID 계산 결과 및 계수 초기화"""
        self.SetPoint = 0.0

        self.PTerm = 0.0
        self.ITerm = 0.0
        self.DTerm = 0.0
        self.last_error = 0.0

        # Windup Guard
        self.int_error = 0.0
        self.windup_guard = 20.0

        self.output = 0.0

    def update(self, feedback_value):
        """지정한 참조 피드백에 따라 PID 값을 계산한다.

        .. math::
            u(t) = K_p e(t) + K_i \int_{0}^{t} e(t)dt + K_d {de}/{dt}

        .. figure:: images/pid_1.png
           :align:   center

           Test PID with Kp=1.2, Ki=1, Kd=0.001 (test_pid.py)
```

```python
        """
        error = self.SetPoint - feedback_value

        self.current_time = time.time()
        delta_time = self.current_time - self.last_time
        delta_error = error - self.last_error

        if (delta_time >= self.sample_time):
            self.PTerm = self.Kp * error
            self.ITerm += error * delta_time

            if (self.ITerm < -self.windup_guard):
                self.ITerm = -self.windup_guard
            elif (self.ITerm > self.windup_guard):
                self.ITerm = self.windup_guard

            self.DTerm = 0.0
            if delta_time > 0:
                self.DTerm = delta_error / delta_time

            # 다음 계산에 활용하도록 마지막 시간과 마지막 에러를 저장한다.
            self.last_time = self.current_time
            self.last_error = error

            self.output = self.PTerm + (self.Ki * self.ITerm) + (self.Kd
* self.DTerm)

    def setKp(self, proportional_gain):
        """현재 에러에 대한 PID 반응의 민감도를 비례 이득(게인) 값으로 결정한다."""
        self.Kp = proportional_gain

    def setKi(self, integral_gain):
        """현재 에러에 대한 PID 반응의 민감도를 적분 이득(게인) 값으로 결정한다."""
        self.Ki = integral_gain

    def setKd(self, derivative_gain):
        """현재 에러에 대한 PID 반응의 민감도를 미분 이득(게인) 값으로 결정한다."""
```

```python
        self.Kd = derivative_gain

    def setWindup(self, windup):
        """적분기의 와인드업(integrator windup),
        또는 리셋 와인드업(reset windup)이란
        PID 피드백 제어기에서 목표값이 크게 높였을 때 (예, 양의 값만큼 증가했을 때) 제어값을 높이는
        동안 적분항에 오차가 많이 누적된 상황에서 오버슈팅(overshooting)이 발생하여 누적된
        오차를 줄이지 못하고 계속 늘어나는 현상이다. 이럴 때는 오버슈팅이 과도하게 나타나는 문제가
        발생한다.
        """
        self.windup_guard = windup

    def setSampleTime(self, sample_time):
        """일정한 주기로 업데이트해야 할 PID.
        지정된 샘플 시간에 따라 PID는 연산을 계속 수행할 지, 아니면 즉시 리턴할 지 결정한다.
        """
        self.sample_time = sample_time
```

간단한 시뮬레이션 프로그램을 작성해서 PID 제어기를 테스트해 보자. 이를 위해 넘파이, 사이파이, 판다스, 팻시, 맷플롯립matplotlib 라이브러리가 필요하다. 이러한 라이브러리를 설치하려면 먼저 파이썬 개발에 필요한 도구를 제공하는 파이썬-데브python-dev 라이브러리부터 설치해야 한다. 라즈베리 파이 터미널에서 다음과 같이 명령을 실행하여 파이썬-데브를 설치한다.

```
$ sudo apt-get update
$ sudo apt-get install python-dev
```

그리고 나서 넘파이, 사이파이, 판다스, 팻시 라이브러리를 설치한다. 라즈베리 파이 터미널에서 다음과 같이 명령을 실행한다.

```
$ sudo apt-get install python-scipy
$ pip install numpy scipy pandas patsy
```

마지막으로 맷플롯립matplotlib 라이브러리를 소스 코드로 설치한다. 라즈베리 파이 터미널에서 다음과 같이 명령을 실행한다.

```
$ git clone https://github.com/matplotlib/matplotlib
$ cd matplotlib
$ python setup.py build
$ sudo python setup.py install
```

필요한 라이브러리를 모두 설치했다면, PID.py 파일을 테스트해 보자. 테스트 코드는 다음과 같이 작성한다.

```
import matplotlib
matplotlib.use('Agg')

import PID
import time
import matplotlib.pyplot as plt
import numpy as np
from scipy.interpolate import spline

P = 1.4
I = 1
D = 0.001
pid = PID.PID(P, I, D)

pid.SetPoint = 0.0
pid.setSampleTime(0.01)

total_sampling = 100
feedback = 0

feedback_list = []
time_list = []
setpoint_list = []

print("simulating....")
for i in range(1, total_sampling):
    pid.update(feedback)
    output = pid.output
    if pid.SetPoint > 0:
```

```python
        feedback += (output - (1 / i))

    if 20 < i < 60:
        pid.SetPoint = 1

    if 60 <= i < 80:
        pid.SetPoint = 0.5

    if i >= 80:
        pid.SetPoint = 1.3

    time.sleep(0.02)

    feedback_list.append(feedback)
    setpoint_list.append(pid.SetPoint)
    time_list.append(i)

time_sm = np.array(time_list)
time_smooth = np.linspace(time_sm.min(), time_sm.max(), 300)
feedback_smooth = spline(time_list, feedback_list, time_smooth)

fig1 = plt.gcf()
fig1.subplots_adjust(bottom=0.15)

plt.plot(time_smooth, feedback_smooth, color='red')
plt.plot(time_list, setpoint_list, color='blue')
plt.xlim((0, total_sampling))
plt.ylim((min(feedback_list) - 0.5, max(feedback_list) + 0.5))
plt.xlabel('time (s)')
plt.ylabel('PID (PV)')
plt.title('TEST PID')

plt.grid(True)
print("saving...")
fig1.savefig('result.png', dpi=100)
```

작성한 코드를 test_pid.py 파일에 저장한 뒤, 프로그램을 실행해 보자.

```
$ python test_pid.py
```

그러면 PID 처리 결과를 그래프로 표현한 result.png 파일을 생성한다. 다음 그림은 이 파일에 담긴 그래프를 보여주고 있다. 여기서 파란색 선은 목표값을 가리키고, 빨간색 선은 PID의 출력값을 표시한다.

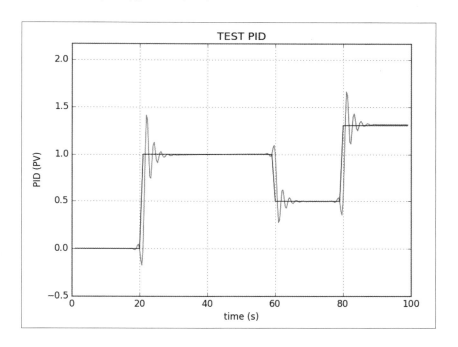

이 프로그램은 크게 세 단계로 구성된다. 각 단계의 처리 과정을 차례대로 살펴보자.

먼저 PID 매개변수를 다음과 같이 정의했다.

```
P = 1.4
I = 1
D = 0.001
pid = PID.PID(P, I, D)

pid.SetPoint = 0.0
pid.setSampleTime(0.01)
```

```
total_sampling = 100
feedback = 0

feedback_list = []
time_list = []
setpoint_list = []
```

그러고 나서 샘플링 시간을 기준으로 PID 값을 계산했다. 예제는 목표 출력 값을 다음과 같이 지정했다.

- 20에서 60까지의 샘플링 시간에 대한 목표 출력은 1
- 60에서 80까지의 샘플링 시간에 대한 목표 출력은 0.5
- 80이상의 샘플링 시간에 대한 목표 출력은 1.3

```
for i in range(1, total_sampling):
    pid.update(feedback)
    output = pid.output
    if pid.SetPoint > 0:
        feedback += (output - (1 / i))

    if 20 < i < 60:
        pid.SetPoint = 1

    if 60 <= i < 80:
        pid.SetPoint = 0.5

    if i >= 80:
        pid.SetPoint = 1.3

    time.sleep(0.02)

    feedback_list.append(feedback)
    setpoint_list.append(pid.SetPoint)
    time_list.append(i)
```

마지막으로 결과를 그래프로 표현해서 result.png라는 이름의 파일에 저장했다.

```
time_sm = np.array(time_list)
time_smooth = np.linspace(time_sm.min(), time_sm.max(), 300)
feedback_smooth = spline(time_list, feedback_list, time_smooth)

fig1 = plt.gcf()
fig1.subplots_adjust(bottom=0.15)

plt.plot(time_smooth, feedback_smooth, color='red')
plt.plot(time_list, setpoint_list, color='blue')
plt.xlim((0, total_sampling))
plt.ylim((min(feedback_list) - 0.5, max(feedback_list) + 0.5))
plt.xlabel('time (s)')
plt.ylabel('PID (PV)')
plt.title('TEST PID')

plt.grid(True)
print("saving...")
fig1.savefig('result.png', dpi=100)
```

PID 제어기로 방안의 온도 조절하기

이번에는 앞에서 작성한 PID 제어기 시뮬레이션 프로그램을 실제 환경에 적용하자. 방안의 온도는 DHT-22 센서로 측정한다. 측정한 값은 PID 제어기의 피드백 입력으로 사용한다.

PID 출력 값이 양수면 히터를, 음수면 에어컨을 켠다. 그리 효율적인 방법은 아니지만, PID 제어기의 작동 과정을 이해하는 용도로는 충분하다.

DHT-22를 GPIO23(BCM)에 연결한 뒤, 프로그램을 다음과 같이 작성한다.

```
import matplotlib
matplotlib.use('Agg')

import PID
```

```python
import Adafruit_DHT
import time
import matplotlib.pyplot as plt
import numpy as np
from scipy.interpolate import spline

sensor = Adafruit_DHT.DHT22

# DHT22가 연결된 라즈베리 파이 핀
pin = 23
P = 1.4
I = 1
D = 0.001
pid = PID.PID(P, I, D)

pid.SetPoint = 0.0
pid.setSampleTime(0.25) # 1초

total_sampling = 100
sampling_i = 0
measurement = 0
feedback = 0

feedback_list = []
time_list = []
setpoint_list = []

print('PID controller is running..')
try:
    while 1:
        pid.update(feedback)
        output = pid.output

        humidity, temperature = Adafruit_DHT.read_retry(sensor, pin)
        if humidity is not None and temperature is not None:
            if pid.SetPoint > 0:
                feedback += temperature + output
```

```python
            print('i={0} desired.temp={1:0.1f}*C temp={2:0.1f}*C pid.
out{3:0.1f} feedback={4:0.1f}'.format(sampling_i, pid.SetPoint,
temperature, output, feedback))

            if output > 0:
                print('turn on heater')
            elif output < 0:
                print('turn on cooler')

        if 20 < sampling_i < 60:
            pid.SetPoint = 28 # 섭씨

        if 60 <= sampling_i < 80:
            pid.SetPoint = 25 # 섭씨

        if sampling_i >= 80:
            pid.SetPoint = 20 # 섭씨

        time.sleep(0.5)
        sampling_i += 1

        feedback_list.append(feedback)
        setpoint_list.append(pid.SetPoint)
        time_list.append(sampling_i)

        if sampling_i >= total_sampling:
            break

except KeyboardInterrupt:
    print("exit")

print("pid controller done.")
print("generating a report...")
time_sm = np.array(time_list)
time_smooth = np.linspace(time_sm.min(), time_sm.max(), 300)
feedback_smooth = spline(time_list, feedback_list, time_smooth)
```

```
fig1 = plt.gcf()
fig1.subplots_adjust(bottom=0.15, left=0.1)

plt.plot(time_smooth, feedback_smooth, color='red')
plt.plot(time_list, setpoint_list, color='blue')
plt.xlim((0, total_sampling))
plt.ylim((min(feedback_list) - 0.5, max(feedback_list) + 0.5))
plt.xlabel('time (s)')
plt.ylabel('PID (PV)')
plt.title('Temperature PID Controller')

plt.grid(True)
fig1.savefig('pid_temperature.png', dpi=100)
print("finish")
```

작성한 코드를 ch01_pid.py 파일에 저장한다. 그리고 다음과 같이 프로그램을 실행하자.

$ sudo python ch01_pid.py

프로그램을 실행하면 다음과 같은 그래프를 담은 pid_temperature.png 파일이 생성된다.

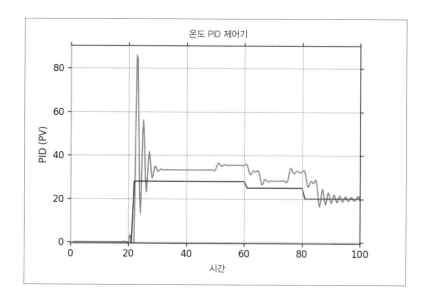

만일 히터나 에이컨을 켜지 않고 가만히 있으면, 다음과 같은 결과를 얻게 된다.

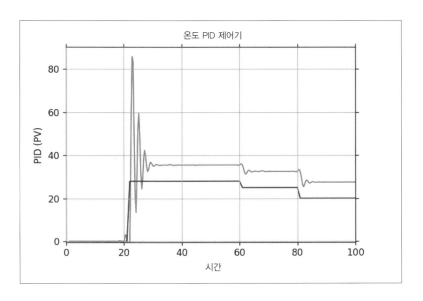

프로그램의 작동 과정을 간략히 설명하면 다음과 같다.

이 프로그램은 크게 두 가지 작업을 수행한다. 하나는 DHT-22 센서로 현재 온도를 측정하는 것이고, 다른 하나는 PID 제어기를 구현하는 것이다. 첫 번째 작업은 온도를 측정한 후에 그 값을 PID 프로그램으로 전달한다. 두 번째 작업은 PID의 결과에 따라 특정한 동작(히터를 켜거나 에어컨을 켜는 동작)을 수행한다.

요약

이 장에서는 기초 통계 이론을 소개하고, 통계 및 데이터 과학에 관련된 여러 가지 파이썬 라이브러리를 소개했다. 또한 시중에 나와 있는 IoT 장치 플랫폼 중 몇 가지를 살펴보고, 이를 이용하여 센서와 액추에이터를 제어하는 방법도 배웠다.

마지막으로 PID 제어 예제를 통해 IoT 장치에 제어 시스템을 구현하는 방법에 대해 간략히 살펴봤다. 다음 장에서는 의사 결정 시스템decision system을 이용하여 IoT 장치를 구현하는 방법에 대해 알아본다.

참고 문헌

이 장에서 소개한 주제에 대한 자세한 사항은 다음 문헌을 참고한다.

- Richard D. De Veaux, Paul F. Velleman, and David E. Bock, Stats Data and Models, 4th Edition, 2015, Pearson Publishing.
- Sheldon M. Ross, Introductory Statistics, 3rd Edition, Academic Press, 2010.

2

의사 결정 시스템

추위를 느끼면 외투를 걸친다. 배가 고프면 음식을 먹는다. 기계도 이렇게 사람처럼 스스로 결정을 내리게 하려면 어떻게 해야 할까? 이 장에서는 IoT 장치에 의사 결정 시스템을 구축하는 방법에 대해 알아본다.

이 장에서 다루는 주제는 다음과 같다.

- 의사 결정 시스템과 머신 러닝의 개요
- 의사 결정 시스템 구현에 필요한 파이썬 라이브러리
- 베이지안 이론을 이용한 의사 결정 시스템 구현 방법
- IoT 장치에 의사 결정 시스템 구축하기
- 나만의 IoT 의사 결정 시스템 만들기

의사 결정 시스템과 머신 러닝의 개요

의사 결정 시스템decision system이란 결정 이론decision theory에 기반하여 여러 가지 매개 변수를 입력받아 상황에 맞게 행동을 취하도록 결정하는 시스템이다. 이 장에서는 예제를 통해 의사 결정 시스템에 대해 배운다.

사람은 일상 생활 속에서 끊임없이 결정을 내린다. 몇 가지 예를 들면 다음과 같다.

- 자동차 구매 결정: 외관이 마음에 드는지, 가격이 적절한지 등을 고려해서 개인의 취향에 따라 구매 여부를 결정한다.
- 외출할 때 우산을 가져갈 지 결정하는 경우: 이동할 지역의 날씨에 따라 결정한다. 구름이 많으면 비가 내릴 확률이 높으니 우산을 가져간다.

특정한 작업을 자동으로 판단하여 수행할 수 있도록 컴퓨터와 같은 기계를 학습시키는 것을 머신 러닝(기계 학습)$^{machine\ learning}$이라 부른다. 시중에 나와있는 다양한 시스템 중 상당수는 이미 머신 러닝을 통해 자동으로 의사 결정을 내리고 있다.

의사 결정 시스템을 구축하기 위한 머신 러닝 알고리즘은 그동안 다양하게 연구되고 개발되어 왔다.

이 책에서는 퍼지 로직과 베이지안 알고리즘을 이용하여 의사 결정 시스템을 구현하는 방법에 대해 소개한다. 그럼 이어지는 절에서 차례대로 살펴보자.

베이지안 기반 의사 결정 시스템

베이지안^{Bayesian1} 기법은 조건부 확률$^{conditional\ probability}$을 이용하여 데이터를 해석하는 방법이다. 베이지안 기법으로 의사 결정 시스템을 구축하기 앞서, 베이지안 이론에 대해 잠시 짚고 넘어가자. 이해를 돕기 위해 간단한 스팸문서 필터를 베이지안 방식으로 표현해 보자.

표본 공간$^{sample\ space}$ X가 모든 문서의 집합일 때, 그 중 한 문서를 x라 하자($x \in X$). 그리고 ω는 문서의 상태(스팸 여부)를 가리킨다($\omega \in \Theta$). 표본 모델 $P(\omega)$는 임의의 문서가 스팸일 확률을 나타내며, 분석가의 사전 가설 혹은 믿음에 따라 결정된다.(이를 사전 확률$^{prior\ probability}$, 사전 값$^{prior\ value}$이라 부른다.) 예를 들어 분석하려는 문서집합이 대략 5%의 확률로 스팸문서가 검출된다고 분석가가 믿고 있다면 이런 믿

---

1 베이지안 기법은 베이지안 정리를 이용한 통계분석방법으로 다른 통계분석방법과 달리 데이터 분석가가 가지고 있는 믿음 (혹은 가설)에 기반하여 확률을 추론하며 원하는 확률을 얻기 위하여 베이지안 정리에 따라 역확률을 이용한다.

음을 토대로 확률 값을 0.05로 설정할 수 있다. 사전 분포^{prior distribution}(또는 가능도 ^{likelihood2}) $P(X|\omega)$는 실제 데이터를 분석하여 얻은 값으로 주어진 데이터에서 x가 스팸으로 분류된 분포를 의미한다. 예를 들어 주어진 데이터에서 x가 스팸으로 분류된 경우와 스팸이 아닌 것으로 분류된 경우가 모두 3번으로 동일하다면 x에 대한 사전분포 확률값은 0.5이다. x에 대한 사전 확률(또는 증거^{evidence}) $P(X)$는 전체 문서 집합 X 중에서 x가 선택될 확률이다. 그리고 사후 분포^{posterior distribution} $P(\omega|X)$는 문서 x가 스팸일 확률로서, 우리가 알아내려는 값이다.

베이지안 정리^{Bayes' Rule/Theorem}에 따르면 위에서 설명한 사전 분포, 사전 확률을 이용하여 아래와 같이 사후 분포 값을 구할 수 있다.

$$P(\omega|x) = \frac{P(x|\omega)P(\omega)}{P(x)}$$

즉, 이 공식을 이용하면 문서 x가 스팸일 확률값을 구할 수 있다.

다시 본론으로 돌아와서, 의사 결정 시스템을 만들어 보자.

의사 결정 공간 D는 의사 결정자^{DMdecision maker}가 내릴 수 있는 모든 결정 또는 행동(d)으로 구성된 공간으로 정의한다($d \in D$). 그리고 Θ는 어떤 의사 결정으로 인해 발생할 수 있는 모든 결과 또는 상태(ω)로 구성된 공간이다($\omega \in \Theta$).

또 어떤 행동 d를 취할 때 치러야 할 대가를 정확히 표현하는 함수를 손실 함수^{loss function}라 부르며 $\lambda(\omega|d)$라고 정의한다. 손실 함수 $\lambda(d_i|\omega_i)$는 예측 결과가 ω_i일 때 행동 d_i를 취하면 발생하는 손실을 가리킨다. 예를 들어 필터에서 실제 스팸이 아닌 문서를 스팸으로 판단해 삭제해서 발생하는 손실의 크기를 손실 함수를 통해 나타낼 수 있다. 기대 손실^{expected loss} 혹은 조건부 위험지수^{conditional risk}는 다음과 같이 정의한다.

---

2 우도라고 표현한 문헌도 많다.

$$R(d_i|x) = \sum_{j=1}^{c} \lambda(d_i|\omega_j)P(\omega_j|x)$$

의사 결정 함수 $d(x)$는 관측한 데이터에 따라 취할 행동을 결정한다. 의사 결정 함수에 대한 총 위험지수[total risk]는 다음과 같이 계산한다.

$$E_{P(x)}[R(d(x)|x)] = \sum_{x} P(x)R(d(x)|x)$$

총 위험지수가 최소한으로 나오도록 의사 결정 함수를 최적화하면[3], 위험지수가 가장 적은 행동을 취하도록 결정하게 만들 수 있다.

지금까지 베이지안 기반 의사 결정 시스템에 대해 간단히 살펴봤다. 베이지안 이론에 대하여 좀 더 자세히 알고 싶다면 관련 서적을 참고하기 바란다.

퍼지 논리 기반 의사 결정 시스템

현재 온도에 따라 냉난방 시스템을 제어하는 시스템을 만드는 경우를 생각해 보자. 예를 들어, 실내 온도가 $30°C$를 넘으면 에어컨을 켜고, $18°C$가 되면 히터를 켜면 된다. 이처럼 기계를 작동하는 기준이 되는 온도를 구체적으로 지정하면 이러한 시스템을 쉽게 구현할 수 있다. 하지만 사람처럼 더우면 에어컨을 켜고, 추우면 히터를 켜도록 만들려면 어떻게 해야 할까?

"덥다"와 "춥다"는 사람의 언어로 표현한 개념이다. 기계가 춥거나 덥다고 판단하려면 그 기준을 구체적으로 정해야 한다. 그렇다면 컴퓨터나 기계가 사람처럼 춥거나 덥다고 판단하게 하려면 어떻게 해야 할까? 퍼지 논리[fuzzy logic4]를 이용하면 해결할 수

---

3 각각의 확률값을 정할 때, 전체 위험 지수가 가능한 작게 나오도록 파라미터 값을 조정하면

4 퍼지(fuzzy)는 모호한, 불분명하다는 뜻으로, 온도와 같이 정확한 숫자로 된 변수를 "뜨겁다", "덥다", "춥다"처럼 모호한 형태로 바꾸는 것을 퍼지화한다고 표현한다.

있다.

퍼지 논리에 대한 개념은 1960년대 버클리 대학University of California Berkeley의 롯피 자데Lotfi Zadeh 박사가 처음 소개했다. 퍼지 논리 이론은 퍼지 집합fuzzy sets과 소속성 memberships 개념을 토대로 세운 이론이다.[5]

퍼지 논리 기반 의사 결정 시스템의 구조를 그림으로 표현하면 다음과 같다.

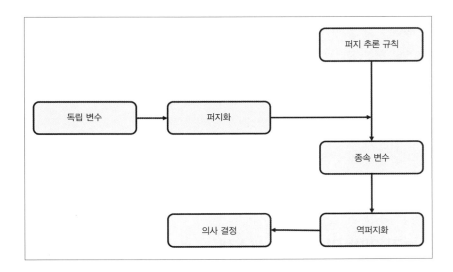

퍼지 논리 기반의 의사 결정 시스템을 구축하는 과정은 다음과 같다.

1. 문제를 풀기위한 독립 변수(예: 온도, 습도)를 정의한다. 이 변수는 대개 숫자 값으로 표현한다. 이 단계는 의사 결정을 위한 데이터를 수집하는 과정으로 볼 수 있다.
2. 춥다, 따뜻하다, 뜨겁다와 같은 언어 변수에 대한 퍼지 집합을 만든다.
3. 독립 변수(숫자 값)를 종속 변수(언어 값)로 변환하는 퍼지화fuzzification 작업을 수행한다.
4. 주어진 입력에 대한 출력을 매핑하는 퍼지 추론 규칙fuzzy inference rule을 정의한다. 이 때 if-then 방식으로 정의할 수 있다.

---

5 퍼지 집합은 원소의 소속 여부를 참/거짓이 아닌, 소속 함수(membership function)로 표현한다. 가령 입력 매개변수를 0과 1사이의 숫자로 매핑하는 소속 함수를 통해 덥거나 추운 정도를 표현할 수 있다.

5. 모든 출력을 종합해 하나의 결과 값(숫자)을 얻도록 역퍼지화[defuzzification] 작업을 진행한다.

최종적으로 출력된 숫자 값으로 의사 결정을 내리면 된다. 다음 절에서는 퍼지 논리를 이용하여 의사 결정 시스템을 구축하는 방법에 대하여 알아보자.

의사 결정 시스템 구현에 필요한 파이썬 라이브러리

이 절에서는 베이지안과 퍼지 논리 모델 기반의 의사 결정 시스템을 만드는 데 필요한 파이썬 라이브러리를 살펴본다.

베이지안

베이지안 확률 모델을 파이썬으로 구현해 보자. 예제에서 사용할 모델은 다음과 같이 x_1과 x_2의 두 독립 변수를 선형 결합[linear combination]하여 결과 값을 생성하도록 정의한다.

$$y = \alpha + \beta_1 x_1 + \beta_2 x_2 + c\sigma$$

여기서 c는 임의의 값으로 설정하고, α, β_1, β_2, σ는 각각 0.5, 1, 2.5, 0.5로 설정한다. 독립 변수의 값은 NumPy 라이브러리의 랜덤 오브젝트로 생성한다. 이렇게 설정한 계수값과 변수값을 이용하여 모델 값을 계산할 수 있다. 이 모델을 코드로 표현하면 다음과 같다.

```
import matplotlib
matplotlib.use('Agg')

import numpy as np
import matplotlib.pyplot as plt
```

```
# 초기화
np.random.seed(100)
alpha, sigma = 0.5, 0.5
beta = [1, 2.5]
size = 100

# 독립변수에 임의의 값 할당
X1 = np.random.randn(size)
X2 = np.random.randn(size) * 0.37

# 계수 값과 독립변수 값을 이용하여 결과 값 계산
Y = alpha + beta[0]*X1 + beta[1]*X2 + np.random.randn(size)*sigma

fig, ax = plt.subplots(1, 2, sharex=True, figsize=(10, 4))
fig.subplots_adjust(bottom=0.15, left=0.1)

ax[0].scatter(X1, Y)
ax[1].scatter(X2, Y)
ax[0].set_ylabel('Y')
ax[0].set_xlabel('X1')
ax[1].set_xlabel('X2')

plt.grid(True)
fig.savefig('predict.png', dpi=100)
print("finish")
```

이제 이 스크립트를 ch02_predict.py 파일에 저장한 후, 다음과 같이 명령을 입력하여 프로그램을 실행한다.

$ python ch02_predict.py

그러면 다음과 같은 그래프를 담은 predict.png 파일이 생성된다.

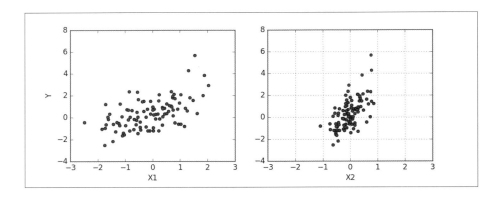

프로그램은 단순하다. NumPy로 독립 변수 값을 생성하여 모델을 계산한 뒤, 그 결과를 matplotlib 라이브러리를 이용하여 그래프로 그린 뒤 이미지 파일에 저장했다.

이번에는 베이지안 컴퓨팅bayesian computing을 위한 파이썬 라이브러리 중 하나인 PyMC(파이엠씨)를 이용하여 베이지안 모델을 만들어 보자. PyMC는 마코프 체인 몬테 카를로Markov Chain Monte Carlo(MCMC)를 비롯한 예측 알고리즘fitting algorithm과 베이지안 통계 모델을 다양하게 제공한다. PyMC는 오픈소스이며 https://github.com/pymc-devs/pymc에서 다운로드할 수 있다.

PyMC 라이브러리는 easy_install이나 pip로 설치할 수 있다. easy_install로 설치하려면 터미널에 다음과 같이 입력한다. 경우에 따라서 관리자 권한(sudo)이 필요할 수 있다.

```
$ easy_install pymc
```

또는 다음과 같이 pip를 통해서 라이브러리를 설치할 수도 있다.

```
$ pip install pymc
```

PyMC에서 제공하는 예제 코드를 이용하여 PyMC를 테스트해 보자. 베이지안 컴퓨팅을 구현하기 위해서는 가장 먼저 모델부터 구축해야 한다. 예제에서는 매개변수가 다음과 같이 정규 분포를 따른다고 가정한다.

$$\theta(x) = \frac{e^{a+bx}}{(1 + e^{a+bx})}$$

이제 PyMC로 베이지안 모델을 구현해 보자. 코드는 다음과 같이 작성한다.

```python
import pymc
import numpy as np

# 입력값
n = 5 * np.ones(4, dtype=int)
x = np.array([-.86, -.3, -.05, .73])

# 알려지지 않은 매개변수에 대한 사전 분포
alpha = pymc.Normal('alpha', mu=0, tau=.01)
beta = pymc.Normal('beta', mu=0, tau=.01)

# 매개변수를 입력으로 받는 임의의 결정함수(deterministic function)
def theta(a=alpha, b=beta):
    """theta = logit^{-1}(a+b)"""
    return pymc.invlogit(a + b * x)

# 데이터에 대한 이항 가능도(Binomial likelihood)
d = pymc.Binomial('d', n=n, p=theta, value=np.array([0., 1., 3., 5.]),
                  observed=True)
```

이제 이 스크립트를 mymodel.py 파일에 저장한다.

이 모델은 뒤에 나오는 프로그램에서 마코프 체인 몬테 카를로(MCMC) 방법으로 시뮬레이션할 때 사용한다. 이를 통해 의사 결정을 위한 사후분포 값posterior values을 구한다.

ch02_pymc.py 파일을 새로 만들고 다음과 같이 코드를 작성한다.

```python
import matplotlib
matplotlib.use('Agg')

import pymc
import mymodel

S = pymc.MCMC(mymodel, db='pickle')
S.sample(iter=10000, burn=5000, thin=2)

pymc.Matplot.plot(S)
print("finish")
```

라즈베리파이 터미널에서 다음과 같이 명령을 입력하여 프로그램을 실행한다.

$ python ch02_pymc.py

프로그램이 제대로 실행되면 다음 같은 결과를 볼 수 있다.

```
● ● ●   Documents — pi@raspberrypi: ~/Documents/book — ssh pi@192.168.0.12 — 8...
pi@raspberrypi:~/Documents/book $ python -W ignore ch02_pymc.py
[----            10%                     ] 1077 of 10000 complete in 0.5 sec
[--------        21%                     ] 2155 of 10000 complete in 1.0 sec
[-------------   32%                     ] 3232 of 10000 complete in 1.5 sec
[--------------- 43%                     ] 4309 of 10000 complete in 2.0 sec
[----------------53%                     ] 5330 of 10000 complete in 2.5 sec
[----------------62%---                  ] 6252 of 10000 complete in 3.0 sec
[----------------71%-------              ] 7172 of 10000 complete in 3.5 sec
[----------------80%----------           ] 8092 of 10000 complete in 4.0 sec
[----------------90%--------------       ] 9012 of 10000 complete in 4.5 sec
[----------------99%------------------ ] 9932 of 10000 complete in 5.0 sec
[----------------100%-----------------] 10000 of 10000 complete in 5.0 sec
Plotting theta_0
Plotting theta_1
Plotting theta_2
Plotting theta_3
Plotting beta
Plotting alpha
finish
pi@raspberrypi:~/Documents/book $ ▮
```

이 프로그램은 alpha.png, beta.png, theta-3.png 파일을 생성한다. 예를 들어 alpha.png 파일을 보면 다음과 같다.

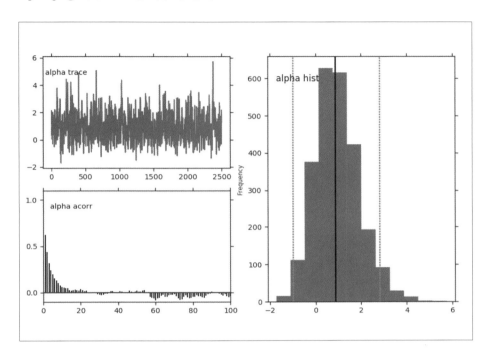

alpha.png 파일을 통해 정규분포를 따르는 확률변수$^{random\ values}$인 알파 값을 확인할 수 있다. 베타 값도 정규 분포에 따라 생성되며, 구체적인 값은 beta.png 파일에서 확인할 수 있다.

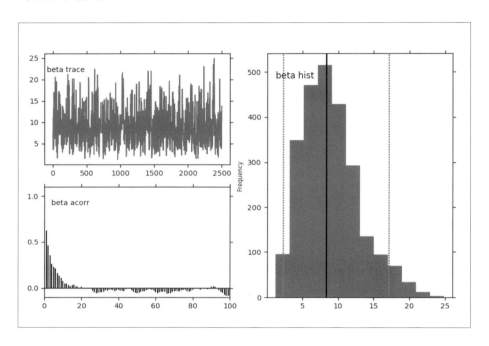

프로그램의 마지막 결과인 theta-3.png 파일을 보면 세타 값이 공식에 따라 어떻게 계산되는지 볼 수 있다.

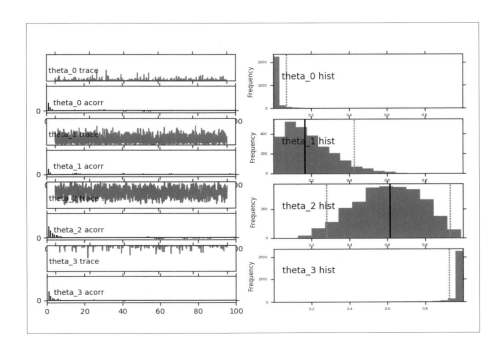

퍼지 논리

퍼지 논리를 위한 오픈소스 파이썬 라이브러리 중에서 널리 사용되는 것으로 싸이
킷 퍼지scikit-fuzzy가 있다. 이 라이브러리에는 여러 종류의 퍼지 논리 알고리즘이 구
현되어 있다. 싸이킷 퍼지는 https://github.com/scikit-fuzzy/scikit-fuzzy에서 다
운로드할 수 있다.

이 라이브러리를 설치하려면 NumPy와 SciPy 라이브러리가 필요하다. 다음과 같이
pip 명령을 실행하여 싸이킷 퍼지를 설치한다.

```
$ sudo pip install scikit-fuzzy
```

또는 다음과 같이 소스 코드를 직접 다운로드해서 설치해도 된다.

```
$ git clone https://github.com/scikit-fuzzy/scikit-fuzzy
$ cd scikit-fuzzy/
$ sudo python setup.py install
```

다 설치했다면 곧바로 싸이킷 퍼지를 사용해 보자.

싸이킷 퍼지의 작동 방식을 이해하기 위해 `fuzz.trimf()` 함수를 이용하여 온도에 대한 퍼지 소속 함수를 만들어 보자. 코드는 다음과 같다.

```python
import matplotlib
matplotlib.use('Agg')

import numpy as np
import skfuzzy as fuzz
import matplotlib.pyplot as plt

# 전역변수 생성
x_temp = np.arange(0, 11, 1)

# 퍼지 소속 함수 생성
temp_lo = fuzz.trimf(x_temp, [0, 0, 5])
temp_md = fuzz.trimf(x_temp, [0, 5, 10])
temp_hi = fuzz.trimf(x_temp, [5, 10, 10])

# 전역변수와 소속 함수 시각화
fig, ax = plt.subplots()

ax.plot(x_temp, temp_lo, 'b--', linewidth=1.5, label='Cold')
ax.plot(x_temp, temp_md, 'g-', linewidth=1.5, label='Warm')
ax.plot(x_temp, temp_hi, 'r:', linewidth=1.5, label='Hot')
ax.set_title('Temperature')
ax.legend()

ax.spines['top'].set_visible(False)
ax.spines['right'].set_visible(False)
ax.get_xaxis().tick_bottom()
ax.get_yaxis().tick_left()
ax.set_ylabel('Fuzzy membership')

plt.tight_layout()
```

```
print('saving...')
plt.grid(True)
fig.savefig('fuzzy_membership.png', dpi=100)
print('done')
```

이 스크립트를 ch02_skfuzzy.py 파일에 저장하고 다음과 같이 명령을 입력하여 실행한다.

$ python ch02_skfuzzy.py

프로그램을 실행하면 다음 그림처럼 fuzzy_membership.png 파일이 생성된다.

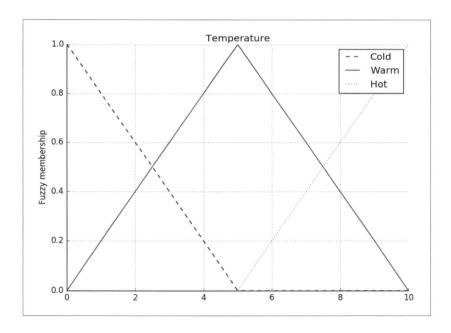

베이지안 이론을 이용해 간단한 의사결정 시스템 만들기

이 절에서는 베이지안 이론 기반의 의사 결정 시스템에 대해 간단히 살펴보기 위해, 수질을 자동으로 제어하는 스마트 워터 시스템을 만들어 보자. 스마트 워터 시스템의 전체 구조는 다음과 같다.

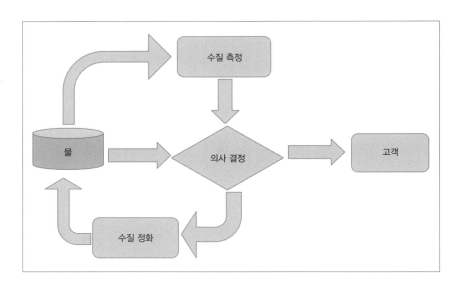

이 시스템은 센서로 수질을 측정한 뒤 수질이 나쁘면 물을 정화하고, 좋으면 고객에게 물을 공급한다.

베이지안 기반 의사결정 시스템을 구현하기 위해 먼저 현재 상태를 정의한다. 예제에서는 다음과 같이 두 가지 상태를 정의할 수 있다.

- ω_1 : 마실 수 있는 상태
- ω_2 : 정화해야 하는 상태

수질을 관찰한 결과를 x_1(나쁨), x_2(좋음)으로 입력 받는다.

사전 값과 분류별 조건부 확률을 다음과 같이 정의한다.

$$P(\omega_1) = 0.8$$
$$P(\omega_2) = 0.2$$
$$P(x_1|\omega_1) = 0.3$$
$$P(x_1|\omega_2) = 0.7$$
$$P(x_2|\omega_1) = 0.2$$
$$P(x_2|\omega_2) = 0.8$$

의사 결정을 내리기 위한 손실 함수를 정의한다. 예제에서는 다음과 같이 정의한다.

$$\lambda(d_1|\omega_1) = 0$$
$$\lambda(d_1|\omega_2) = 5$$
$$\lambda(d_2|\omega_1) = 10$$
$$\lambda(d_2|\omega_2) = 0$$

이제 다음과 같이 코드를 작성한다.

```
# 의사 결정에 기반한 행동
# d1 = 물을 공급한다.
# d2 = 물을 정화한다.

# 사전 값
p_w1 = 0.8
p_w2 = 0.2

# 손실 행렬
lambda_1_1 = 0
lambda_1_2 = 5
lambda_2_1 = 10
lambda_2_2 = 0

# 분류별 조건부 확률 (실제 수질 상태 별 관찰 결과의 조건부 확률, 사전분포 값)
# x1 = 나쁨(관찰결과)
```

```python
# x2 = 좋음(관찰결과)
p_x1_w1 = 0.3
p_x1_w2 = 0.7
p_x2_w1 = 0.2
p_x2_w2 = 0.8


# p_x1, p_x2 계산
p_x1 = p_x1_w1 * p_w1 + p_x1_w2 * p_w2
p_x2 = p_x2_w1 * p_w1 + p_x2_w2 * p_w2


# 관찰 결과에 따라 조건부 손실 계산
p_w1_x1 = (p_x1_w1 * p_w1) / p_x1
p_w2_x1 = (p_x1_w2 * p_w2) / p_x1
p_w1_x2 = (p_x2_w1 * p_w1) / p_x2
p_w2_x2 = (p_x2_w2 * p_w2) / p_x2


r_d1_x1 = p_w1_x1 * lambda_1_1 + p_w2_x1 * lambda_1_2
r_d2_x1 = p_w1_x1 * lambda_2_1 + p_w2_x1 * lambda_2_2
r_d1_x2 = p_w1_x2 * lambda_1_1 + p_w2_x2 * lambda_1_2
r_d2_x2 = p_w1_x2 * lambda_2_1 + p_w2_x2 * lambda_2_2


print("r_a1_x1: ", r_d1_x1)
print("r_a2_x1: ", r_d2_x1)
print("r_a1_x2: ", r_d1_x2)
print("r_a2_x2: ", r_d2_x2)


# 전체 손실 계산
e_d1 = p_x1 * r_d1_x1 + p_x2 * r_d1_x2
e_d2 = p_x1 * r_d2_x1 + p_x2 * r_d2_x2
print("e_d1: ", e_d1)
print("e_d2: ", e_d2)


if e_d1 < e_d2:
            # 최종 결정: 물을 공급한다.
    print("final decision: d1 - distribute water")
else:
```

```
        # 최종 결정: 물을 정화한다.
    print("final decision: d2 - cleaning the water")
```

이 코드를 ch02_bayes_theory.py 파일에 저장하고 다음과 같이 명령을 입력하여
프로그램을 실행한다.

$ python ch02_bayes_theory.py

그러면 다음 그림처럼 결과가 출력된다.

```
● ● ● ● □  Documents — pi@raspberrypi: ~/Documents/book — ssh pi@192.168.0.12 — 8...
pi@raspberrypi:~/Documents/book $ python ch02_bayes_theory.py
('r_a1_x1: ', 1.8421052631578947)
('r_a2_x1: ', 6.315789473684211)
('r_a1_x2: ', 2.5)
('r_a2_x2: ', 5.0)
('e_d1: ', 1.5)
('e_d2: ', 4.0)
final decision: d1 - distribute water
pi@raspberrypi:~/Documents/book $ ▌
```

사전 값과 및 사전 분포 값(분류별 조건부 값)을 수정하여 더 많은 결과를 도출해
보자.

IoT 장치에 의사 결정 시스템 구축하기

IoT 보드에 센서와 액추에이터를 장착하여 다양한 작업을 수행할 수 있다. 가령
IoT 보드에 센서를 연결해서 의사 결정 시스템의 입력 값을 제공할 수 있다. 이 값
을 이용하여 의사 결정 시스템이 내린 결정에 따라 IoT 보드에 연결된 액추에이터
로 특정한 동작을 수행할 수 있다.

IoT 보드에 의사 결정 시스템을 통합하는 과정을 개략적으로 표현하면 다음과 같다.

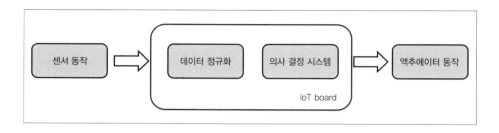

IoT 보드에 연결할 수 있는 센서 장치는 다양하다. 목적에 따라 적절한 센서를 장착하면 된다. 예를 들어 온도와 같은 환경 데이터를 수집하려면 온도 센서를 부착한 뒤, 수집한 값을 의사 결정 시스템의 디지털 입력 값으로 전달하면 된다. 이러한 센서의 예는 다음과 같다.

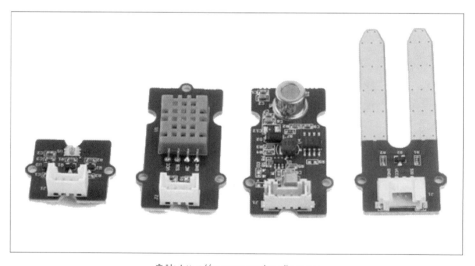

출처: http://www.seeedstudio.com

또한 의사 결정 시스템에 다양한 액추에이터를 연동하여 시스템의 최종 출력값에 해당하는 구체적인 동작을 수행하게 만들 수도 있다. 예를 들어 의사 결정의 결과에 따라 에어컨을 켜거나 끌 수 있다.

시스템에 따라 주변 환경에 대한 데이터를 센서에서 직접 수집할 수 없을 수도 있다. 이럴 때는 데이터베이스를 통해 가져오거나 다른 시스템이 수집한 값을 네트워크를 통해 받으면 된다.

나만의 IoT 의사 결정 시스템 만들기

이 절에서는 라즈베리파이에 간단한 퍼지 논리 기반 의사 결정 시스템을 만들어 보자. 코드는 파이썬으로 작성한다.

예제로 만들 시스템은 실내의 온도와 습도를 모니터링하면서 환경이 쾌적한 지를 판단한다. 쾌적하지 않다고 판단하면, 에어컨을 가동한다.

시스템은 다음과 같이 설계한다.

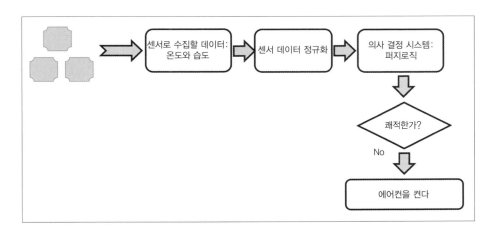

온도와 습도는 DHT22 모듈로 측정한다. 이 모듈은 '1장. 스마트 IoT 프로젝트'에서 소개한 바 있다. 라즈베리파이를 에어컨에 연결할 때는 릴레이 모듈을 사용한다.

이제 본격적으로 만들어 보자.

회로 구성

DHT22과 릴레이 모듈을 다음과 같이 연결한다.

- DHT22의 1번 핀(VDD)은 라즈베리파이의 3.3V 핀에 연결한다.
- DHT22의 2번 핀(SIG)은 라즈베리파이의 GPIO23 (BCM 열 참조) 핀에 연결한다.
- DHT22의 4번 핀(GND)은 라즈베리파이의 GND 핀에 연결한다.
- 릴레이의 VCC는 라즈베리파이의 3.3V 핀에 연결한다.
- 릴레이의 GND는 라즈베리파이의 GND 핀에 연결한다.
- 릴레이 신호는 라즈베리파이의 GPIO26 (BCM 열 참조) 핀에 연결한다.

전체 회로는 다음 그림과 같다.

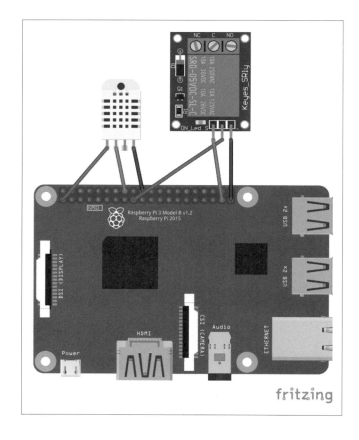

파이썬 프로그램 작성하기

이제 퍼지 논리 기반으로 의사 결정 시스템을 구현한다. 센서를 이용하여 두 개의 입력(온도와 습도)을 받는다. 그리고 온도와 습도에 대한 퍼지 소속 함수를 구현한다.

테스트를 위해 다음 그림과 같이 온도 및 습도에 대한 퍼지 소속 모델을 만들어 본다.

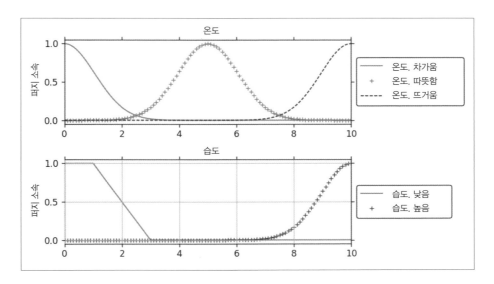

온도는 세 가지(추움, 따뜻함, 더움)로 분류한다. 습도는 두 가지(낮음과 높음)로 분류한다.

이제 프로그램을 작성해 보자. ch02_fuzzy.py 파일을 생성한 뒤, 코드에 필요한 파이썬 라이브러리를 불러온다.

```
import matplotlib
matplotlib.use('Agg')

import numpy as np
import skfuzzy as fuzz
import matplotlib.pyplot as plt

import Adafruit_DHT
import RPi.GPIO as GPIO
import time
```

그러고 나서 DHT22와 릴레이 모듈에서 사용할 라즈베리파이 GPIO를 초기화한다.

```
print('initialization...')

### GPIO 초기화
relay_pin = 26
GPIO.setmode(GPIO.BCM)
GPIO.setup(relay_pin, GPIO.OUT)

sensor = Adafruit_DHT.DHT22
# DHT22가 연결된 라즈베리파이 핀 번호
dht_pin = 23
```

이제 퍼지 로직 모델을 구현하기 위해 온도와 습도에 대한 퍼지 소속 함수부터 작성한다.

센서로 감지한 데이터를 시스템의 입력 값으로 변환하는 temperature_category()와 humidity_category() 함수를 만든다.

```
########## 입력 ######################
# 입력 전역 함수
temperature = np.arange(0, 11, 0.1)
humidity = np.arange(0, 11, 0.1)

# 입력에 대한 소속 함수
# 온도
temperature_cold = fuzz.gaussmf(temperature, 0, 1.5)
temperature_warm = fuzz.gaussmf(temperature, 5, 1.5)
temperature_hot = fuzz.gaussmf(temperature, 10, 1.5)
# 습도
humidity_low = fuzz.trapmf(humidity, [0, 0, 1, 3])
humidity_high = fuzz.gaussmf(humidity, 10, 1.5)

########## 출력 ######################
# 편안함
# 출력 변수 도메인
comfort = np.arange(0, 30, 0.1)
```

```python
# 출력 멤버십 함수
comfort_low = fuzz.trimf(comfort, [0, 5, 10])
comfort_ave = fuzz.trimf(comfort, [10, 15, 25])
comfort_very = fuzz.trimf(comfort, [20, 25, 30])

def temperature_category(temperature_in=18):
    temperature_cat_cold = fuzz.interp_membership(temperature, temperature_
cold, temperature_in)
    temperature_cat_warm = fuzz.interp_membership(temperature, temperature_
warm, temperature_in)
    temperature_cat_hot = fuzz.interp_membership(temperature, temperature_
hot, temperature_in)
    return dict(cold=temperature_cat_cold, warm=temperature_cat_warm,
hot=temperature_cat_hot)

def humidity_category(humidity_in=2):
    humidity_cat_low = fuzz.interp_membership(humidity, humidity_low,
humidity_in)
    humidity_cat_high = fuzz.interp_membership(humidity, humidity_ high,
humidity_in)
    return dict(low=humidity_cat_low, high=humidity_cat_high)
```

온도와 습도에 대한 소속 함수의 결과를 쉽게 볼 수 있도록 그 결과를 matplotlib
로 시각화하여 파일에 저장한다.

```python
# 소속 함수를 출력한다.
# 전역 변수와 소속 함수를 시각화한다.
print('saving membership...')
fig, ax = plt.subplots(2, 1)

[t1, t2, t3] = ax[0].plot(temperature, temperature_cold, 'r',
temperature, temperature_warm, 'm+', temperature,
temperature_hot, 'b--', label=['Temp. cold',
'Temp. warm', 'Temp. hot'])
ax[0].set_ylabel('Fuzzy membership')
ax[0].set_title('Temperature')
ax[0].set_ylim(-0.05, 1.05)
```

```
ax[0].set_xlim(0, 10)

lgd1 = ax[0].legend([t1, t2, t3], ['Temp. cold', 'Temp. warm', 'Temp.
hot'], loc='center left', bbox_to_anchor=(1, 0.5))

[t1, t2] = ax[1].plot(humidity, humidity_low, 'r', humidity, humidity_
high, 'b+')
ax[1].set_ylabel('Fuzzy membership')
ax[1].set_title('Humidity')
ax[1].set_ylim(-0.05, 1.05)
ax[1].set_xlim(0, 10)

lgd2 = ax[1].legend([t1, t2], ['Hum. low', 'Hum. high'], loc='center
left', bbox_to_anchor=(1, 0.5))

plt.grid(True)
plt.tight_layout()
plt.show()
fig.savefig('fuzzy_mem_temp_hum.png', dpi=100, bbox_extra_
artists=(lgd1, lgd2, ), bbox_inches='tight')
print('done')
```

이제 DHT22 모듈을 통해 온도와 습도를 측정하여 퍼지 논리 시스템에 입력한다.
입력된 데이터로부터 퍼지 추론을 수행하고 다음으로 의사 결정을 위해 퍼지 집계
fuzzy aggregation6를 수행한다.

집계한 결과는 숫자 형식으로 출력한다. 이 값을 편안함의 정도(예, 낮음, 보통, 높음)
에 매핑한다. 출력 결과를 토대로 최종적으로 에어컨을 켤지 아니면 끌지를 결정
한다.

```
# 센싱 및 의사 결정하기
print('program is ready for making decision based fuzzy logic')
machine_state = -1
try:
```

---

6 퍼지집합의 결과를 종합하여 최종 결과를 도출하는 단계

```python
while 1:
    print('sensing...')
    sen_humidity, sen_temperature = Adafruit_DHT.read_
retry(sensor, dht_pin)

    if humidity is not None and temperature is not None:
        print('Sensing:Temperature={0:0.1f}*C
Humidity={1:0.1f}%'.format(sen_temperature,sen_humidity))

        sen_temperature = 18
        sen_humidity = 80
        # 정규화
        norm_temperature = sen_temperature / 60.0
        norm_humidity = sen_humidity / 100.0
        print('Normalization: Temperature={0:0.0001f}
Humidity={1:0.0001f}'
            .format(norm_temperature, norm_humidity))

        temp_in = temperature_category(norm_temperature)
        hum_in = humidity_category(norm_humidity)
        print('fuzzy membership: Temperature={0} Humidity={1}'.format(temp_
in, hum_in))

        # 가중치를 결정하고 종합한다.
        rule1 = np.fmax(temp_in['hot'], hum_in['low'])
        rule2 = temp_in['warm']
        rule3 = np.fmax(temp_in['warm'], hum_in['high'])

        imp1 = np.fmin(rule1, comfort_low)
        imp2 = np.fmin(rule2, comfort_ave)
        imp3 = np.fmin(rule3, comfort_very)

        aggregate_membership = np.fmax(imp1, imp2, imp3)

        # 역퍼지화
        result_comfort = fuzz.defuzz(comfort, aggregate_
membership, 'centroid')
```

```
        print(result_comfort)

        # 실험 결과를 토대로 의사 결정 내리기
        if result_comfort >= 5.002:
          if machine_state < 0:
            machine_state = 1
            print("turn on a machine")
            GPIO.output(relay_pin, GPIO.HIGH)
          else:
            print("a machine already turn on")
        else:
          if machine_state > 0:
            machine_state = 0
            print("turn off a machine")
            GPIO.output(relay_pin, GPIO.LOW)
          else:
            print("a machine already turn off")
        time.sleep(2)
      time.sleep(2)
except KeyboardInterrupt:
  GPIO.output(relay_pin, GPIO.LOW)
  GPIO.cleanup()

print('program is exit')
```

테스트

이제 프로그램을 실행해 보자.

```
$ sudo python ch02_fuzzy.py
```

DHT22와 릴레이 모듈이 라즈베리 파이에 제대로 연결됐는지 확인한다. 문제가 없다면 다음 그림처럼 실행된다.

```
● ● ●    📄 Documents — pi@raspberrypi: ~/Documents/book — ssh pi@192.168.0.12 — 8...
[pi@raspberrypi:~/Documents/book $ sudo python ch02_fuzzy.py
initialization...
saving membership...
done
program is ready for making decision based fuzzy logic
sensing...
Sensing: Temperature=28.6*C  Humidity=85.0%
Normalization: Temperature=0.3  Humidity=0.8
fuzzy membership: Temperature={'hot': 6.8987413995925987e-19, 'warm': 5.44745042
4466365e-05, 'cold': 0.96078943915232318}  Humidity={'high': 4.6005175273896544e
-17, 'low': 1.0}
5.00202884593
turn on a machine
sensing...
Sensing: Temperature=28.6*C  Humidity=85.1%
Normalization: Temperature=0.3  Humidity=0.8
fuzzy membership: Temperature={'hot': 6.8987413995925987e-19, 'warm': 5.44745042
4466365e-05, 'cold': 0.96078943915232318}  Humidity={'high': 4.6005175273896544e
-17, 'low': 1.0}
5.00202884593
a machine already turn on
sensing...
Sensing: Temperature=28.6*C  Humidity=85.0%
Normalization: Temperature=0.3  Humidity=0.8
fuzzy membership: Temperature={'hot': 6.8987413995925987e-19, 'warm': 5.44745042
4466365e-05, 'cold': 0.96078943915232318}  Humidity={'high': 4.6005175273896544e
-17, 'low': 1.0}
5.00202884593
a machine already turn on
sensing...
Sensing: Temperature=28.6*C  Humidity=85.1%
Normalization: Temperature=0.3  Humidity=0.8
fuzzy membership: Temperature={'hot': 6.8987413995925987e-19, 'warm': 5.44745042
```

개선 방안

이 프로그램은 퍼지 로직을 이용하여 의사 결정 시스템을 구현하는 방법을 보여주기 위한 용도로 굉장히 간단히 구성했다. 이 프로그램은 다음과 같이 다양한 방식으로 개선할 수 있다.

- 쾌적함을 좀 더 정확히 표현할 수 있도록 퍼지 소속 모델을 개선한다.
- 정확도를 높이기 위해 더 많은 입력 데이터를 받도록 수정한다.
- 집계치를 얻기 위한 퍼지 추론을 더 추가한다.

요약

이 장에서는 베이지안과 퍼지 논리를 이용하여 의사 결정 시스템을 구현하는 방법에 살펴봤다. 이 과정에서 베이지안과 퍼지 논리를 구현하는 데 사용할 수 있는 파이썬 라이브러리도 소개하고 이를 활용한 예제도 작성해 봤다.

마지막으로 IoT 장치에 의사 결정 시스템을 구현하는 방법을 살펴보기 위해 라즈베리 파이에 퍼지 로직 기반의 의사 결정 시스템을 적용하는 예제도 만들었다.

다음 장에서는 IoT 장치에 머신 비전을 만드는 방법에 대하여 배워 보자.

참고문헌

이 장에서 소개한 주제에 대한 자세한 사항은 다음 문헌을 참고한다.

1. Ethem Alpaydin. Introduction to Machine Learning. The MIT Press. 2004.
2. Peter D. Hoff. A First Course in Bayesian Statistical Methods. Springer, New York. 2009.
3. James V Stone. Bayes' Rule: A Tutorial Introduction to Bayesian Analysis. Sebtel Press. 2013.
4. Matt Sekerke. Bayesian risk management: a guide to model risk and sequential learning in fi nancial markets. Wiley & Sons. 2015.
5. Timothy J. Ross. Fuzzy logic with engineering applications, 3rd Edition. John Wiley & Sons. 2010.
6. Hung T. Nguyen and Elbert A. Walker. A First Course in Fuzzy Logic, 3rd Edition. CRC Press. 2006.

3

머신 비전

눈은 아름다운 세상을 바라볼 수 있게 해주는 중요한 신체 기관이다. 이 장에서는 카메라를 장착하여 기계가 볼 수 있게 만드는 방법에 대해 알아본다. 먼저 기계를 학습시켜 스스로 물체를 감지하고 추적하게 만드는 머신 비전의 개념부터 살펴본 뒤, 여러 가지 카메라 모듈을 소개한다.

이 장에서 다루는 주제는 다음과 같다.

- 머신 비전
- OpenCV 라이브러리
- 라즈베리 파이에 OpenCV 라이브러리 설치하는 방법
- OpenCV로 간단한 프로그램 만들기
- 카메라 모듈 다루는 방법
- 머신 비전을 위한 패턴 인식
- 움직이는 물체를 추적하는 비전 시스템 만들기
- 나만의 IoT 머신 비전 만들기

머신 비전의 개요

머신 비전^{machine vision}이란 기계가 물체를 인식하게 만드는 기술이다. 기계는 카메라를 통해 주변의 물체를 감지한다. 머신 비전 또는 컴퓨터 비전은 기계가 이미지나 비디오를 가져와서 분석하고, 주변 환경을 이해하게 만드는 기술을 연구하는 분야로서, 이미지 처리, 패턴 인식, 머신 러닝과 같은 기술을 활용한다.

패턴 인식과 머신 러닝 기술을 활용하면 이미지를 인식하는 방법을 기계에게 가르칠 수 있다. 예를 들어 차에 타고 있는 사람에 대한 이미지를 기계에게 여러 차례 보여주면, 기계는 사람을 구분하는 방법을 알아낼 수 있다. 때로는 기계가 이미지에 담긴 사람이 누구인지를 추측하기도 한다. 패턴 인식과 머신 러닝을 활용하여 이미지에 담긴 사람이 누구인지 기계가 판별하게 만들려면, 그 사람에 대한 정보를 미리 등록해야 한다.

머신 비전 시스템은 대체로 다음과 같은 구조로 구성된다.

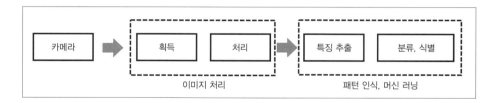

가장 먼저 카메라를 통해 이미지를 수집한다. 수집한 이미지에 대해 노이즈 제거, 필터링, 변환과 같은 이미지 처리 작업을 거친다. 그리고 나서 이미지에서 특징을 추출한다.

목적에 따라 다양한 특징 추출 기법을 활용할 수 있다. 이미지에서 특징을 추출한 뒤에는 이미지에 담긴 물체를 식별하고 인식한다. 이 때 패턴 인식과 머신 러닝이 활용된다.

패턴 인식과 머신 러닝에 대해서는 여기서 따로 설명하지 않는다. 자세한 사항은 패턴 인식과 머신 러닝에 관련된 전문 서적을 참고한다. 이 장에서는 IoT 장치에서 패턴 인식과 머신 러닝을 이용하여 머신 비전 기능을 구현하는 방법에 대해서 소개한다.

OpenCV 라이브러리

OpenCV[Open Computer Vision]는 실시간 응용에서 사용할 수 있을 정도로 연산을 효율적으로 수행하도록 설계된 오픈소스 라이브러리다. 이 라이브러리는 C/C++로 작성했지만 다른 프로그래밍 언어에 대한 바인딩도 제공한다. OpenCV의 공식 웹사이트는 http://www.opencv.org다.

OpenCV 라이브러리는 기본 연산부터 이미지 처리, 패턴 인식, 머신 러닝에 이르는 다양한 기능을 제공한다. 이 라이브러리를 이용하여 시뮬레이션하고 실험한 논문도 많다. 머신 비전/컴퓨터 비전을 활용한 프로젝트를 제작할 때 이 라이브러리에서 출발하는 것이 좋다.

현재 OpenCV 라이브러리는 윈도우, 리눅스, 맥, 안드로이드, iOS용으로 나와 있다. http://opencv.org/downloads.html에서 원하는 버전을 다운로드한다. 이 장에서는 라즈비안 OS를 사용하는 라즈베리 파이에 OpenCV를 설치하는 방법을 소개한다.

라즈베리 파이에 OpenCV 설치하는 방법

이 절에서는 라즈베리 파이에 OpenCV를 설치하는 방법에 대해 소개한다. OS는 라즈비안 제시[Jessie] 버전을 사용하며, OpenCV는 소스 버전으로 설치한다.

먼저 라즈베리 파이에서 OpenCV 소스 코드를 빌드한다. 이 작업에 필요한 개발 관련 라이브러리부터 설치해야 한다. 라즈베리 파이 터미널에서 다음과 같이 명령어를 입력한다.

```
$ sudo apt-get update
$ sudo apt-get install build-essential git cmake pkg-config libgtk2.0-dev
$ sudo apt-get install python2.7-dev python3-dev
```

여기에 OpenCV 빌드 및 설치에 필요한 행렬, 이미지, 비디오 관련 라이브러리도 설치한다. 방법은 다음과 같다.

```
$ sudo apt-get install libjpeg-dev libtiff5-dev libjasper-dev libpng12-dev
$ sudo apt-get install libavcodec-dev libavformat-dev libswscale-dev libv41-dev
$ sudo apt-get install libxvidcore-dev libx264-dev
$ sudo apt-get install libatlas-base-dev gfortran
```

그러고 나서 다음과 같이 깃^{git} 명령으로 OpenCV 소스 코드를 다운로드한다.

```
$ mkdir opencv
$ cd opencv
$ git clone https://github.com/Itseez/opencv.git
$ git clone https://github.com/Itseez/opencv_contrib.git
```

라즈베리 파이에 OpenCV를 설치할 때 파이썬 가상 환경인 virtualenv를 이용한다. 가상 환경을 활용하면 기존 파이썬 개발 환경과 독립된 환경을 꾸밀 수 있다.

아직 라즈비안에 virtualenv가 설치되어 있지 않다면, 다음과 같이 pip 명령으로 설치한다.

```
$ sudo pip install virtualenv virtualenvwrapper
$ sudo rm -rf ~/.cache/pip
```

그런 다음, 자신이 사용하는 계정의 배시 프로파일(~/.profile)에 virtualenv에 대한 설정 사항을 추가한다. 먼저 편집기로 프로파일을 연다.

```
$ nano ~/.profile
```

그리고 다음과 같은 항목을 프로파일에 추가한다.

```
export WORKON_HOME=$HOME/.virtualenvs
source /usr/local/bin/virtualenvwrapper.sh
```

다 작성했으면 프로파일 파일을 저장한다.

그리고 다음과 같이 명령어를 실행하여 파이썬 가상 환경을 생성한다.

```
$ mkvirtualenv cv
```

이 명령을 실행하면 cv란 이름의 파이썬 가상 환경이 생성된다.

파이썬 3을 사용한다면 위 명령 대신 다음과 같이 실행한다.

```
$ mkvirtualenv cv -p python3
```

그러면 터미널의 프롬프트 앞에 (cv)란 글자가 표시된다. 터미널을 닫고 나서 새로 터미널을 열 때마다 다음과 같은 명령을 실행하여 파이썬 가상 환경을 다시 구동한다.

```
$ source ~/.profile
$ workon cv
```

아래 그림은 cv란 이름의 파이썬 가상 환경을 실행한 예를 보여주고 있다.

파이썬 버전의 OpenCV를 사용하려면 NumPy가 필요하다. 따라서 다음과 같이 파이썬 가상 터미널 안에서 pip 명령으로 넘파이를 설치한다.

```
$ pip install numpy
```

이제 OpenCV 소스 코드를 빌드하고 설치한다. 앞에서 깃에서 클론한 OpenCV 라이브러리 디렉토리로 가서 다음과 같이 명령을 실행하여 라이브러리 소스를 빌드한다.

```
$ cd ~/opencv/
$ mkdir build
$ cd build
$ cmake -D CMAKE_BUILD_TYPE=RELEASE \
  -D CMAKE_INSTALL_PREFIX=/usr/local \
  -D INSTALL_C_EXAMPLES=ON \
  -D INSTALL_PYTHON_EXAMPLES=ON \
  -D OPENCV_EXTRA_MODULES_PATH=~/opencv/opencv_contrib/modules \
  -D BUILD_EXAMPLES=ON ..
```

이렇게 빌드한 OpenCV 라이브러리를 라즈비안 OS에 설치한다.

```
$ make -j4
$ sudo make install
$ sudo ldconfig
```

설치가 끝나면 파이썬에서 이 라이브러리에 접근할 수 있도록 OpenCV의 파이썬 바인딩을 설정한다. 파이썬 2.7에서 설정하는 과정은 다음과 같다.

```
$ ls -l /usr/local/lib/python2.7/site-packages/
$ cd ~/.virtualenvs/cv/lib/python2.7/site-packages/
$ ln -s /usr/local/lib/python2.7/site-packages/cv2.so cv2.so
```

파이썬 3.x 버전을 사용한다면, 다음과 같이 설정한다. 예를 들어 파이썬 3.4.x 버전을 사용한다면 다음과 같이 실행한다.

```
$ ls /usr/local/lib/python3.4/site-packages/
$ cd /usr/local/lib/python3.4/site-packages/
$ sudo mv cv2.cpython-34m.so cv2.so
$ cd ~/.virtualenvs/cv/lib/python3.4/site-packages/
$ ln -s /usr/local/lib/python3.4/site-packages/cv2.so cv2.so
```

이제 설치가 다 끝났다. OpenCV 버전을 확인하는 명령을 실행하여 OpenCV가 제대로 설치됐는지 확인한다.

```
$ workon cv
$ python
>>> import cv2
>>> cv2.__version__
```

제대로 설치됐다면 다음 그림과 같이 터미널에 OpenCV 버전이 표시된다.

```
● ● ● 🏠 agusk — pi@raspberrypi: ~/opencv — ssh pi@192.168.0.12 — 80×21
[(cv) pi@raspberrypi:~/opencv $ python
Python 2.7.9 (default, Mar  8 2015, 00:52:26)
[GCC 4.9.2] on linux2
Type "help", "copyright", "credits" or "license" for more information.
[>>> import cv2
[>>> cv2.__version__
'3.1.0-dev'
>>> █
```

이제 OpenCV로 이미지 파일을 화면에 표시하는 예를 살펴보자. 이 예제에서는 cv2.imshow() 함수로 그림 파일을 화면에 출력한다.

결과를 확인하려면 라즈베리 파이에 데스크탑 환경으로 로그인해야 한다. 텍스트 편집기를 열고 다음과 같이 코드를 작성한다.

```
import numpy as np
import cv2

img = cv2.imread('circle.png')
cv2.imshow('My photo', img)
cv2.waitKey(0)
cv2.destroyAllWindows()
```

출력할 그림 파일로 circle.png란 파일을 사용했다. 이 파일은 이 책의 예제 소스 코드와 함께 제공한다. 작성한 코드를 ch03_hello_opencv.py란 이름으로 저장한다. 그리고 라즈베리 파이 데스크탑 환경에서 터미널 창을 띄우고, 다음과 같이 명령을 실행한다.

```
$ python ch03_hello_opencv.py
```

문제가 없다면 다음과 같이 다이얼로그 창을 통해 그림이 표시된다.

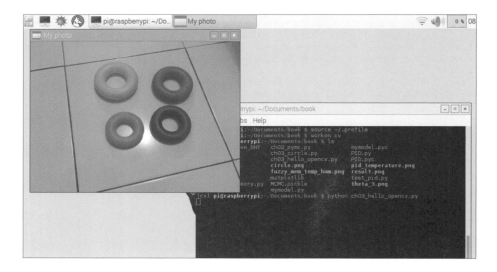

코드에서 cv2.waitKey(0)을 호출했기 때문에 다이얼로그 창이 나타났다. 다이얼로그를 닫으려면 그림이 나타난 다이얼로그 창에 대고 아무 키나 누른다.

키 입력 이벤트를 받으면 cv2.destroyAllWindows() 함수를 호출하여 다이얼로그 창을 닫는다.

간단한 OpenCV 프로그램 만들기

인터넷을 검색하면 파이썬으로 OpenCV를 사용하는 다양한 예제 프로그램을 찾을 수 있다. 이 장에서는 이미지에서 원을 감지하는 간단한 프로그램을 작성한다.

테스트를 위해 다음과 같이 구성된 circle.png란 이미지 파일을 사용한다. 이 파일은 이 책의 소스 코드 묶음에 포함되어 있다.

이미지에서 원을 찾는 작업은 **CHT**^{Circle Hough Transform} 기법으로 구현한다. 원은 다음과 같이 정의한다.

$$(x - a)^2 + (y - b)^2 = r^2$$

여기서 r은 원의 반지름이고, (a, b)는 원의 중심 좌표다. 이러한 매개변수 값은 CHT 연산으로 구한다.

이제 코드를 작성해 보자.

먼저 이미지 파일을 읽는 부분부터 작성한다. 그러고 나서 cv2.HoughCircles() 함수로 이미지에서 원형으로 된 부분을 감지하는 코드를 작성한다.

코드는 다음과 같다.

```python
import cv2
import numpy as np

print('load image')
orig = cv2.imread('circle.png')
processed = cv2.imread('circle.png', 0)
processed = cv2.medianBlur(processed, 19)

print('processing...')
circles = cv2.HoughCircles(processed, cv2.HOUGH_GRADIENT, 1, 70,
             param1=30,
             param2=15,
             minRadius=0,
             maxRadius=50)

circles = np.uint16(np.around(circles))
for (x, y, r) in circles[0, :]:
    cv2.circle(orig, (x, y), r, (0, 255, 0), 2)

print('completed')
print('writing to a file..')
cv2.imwrite('circle_processing.png', orig)
print('done')
```

작성한 코드를 ch03_circle.py 파일에 저장한다.

프로그램을 실행하려면 라즈베리 파이 터미널 창에서 다음과 같이 명령을 실행한다.

$ python ch03_circle.py

이 때 circle.png와 ch03_circle.py가 같은 폴더 안에 있어야 한다.

프로그램을 실행하면 터미널에 몇 가지 텍스트가 출력된다. 예를 들면 다음과 같다.

```
[ ● ● ● ⌂ agusk — pi@raspberrypi: ~/Documents/book — ssh pi@192.168.0.12 — 80×21
[(cv) pi@raspberrypi:~/Documents/book $ ls
Adafruit_Python_DHT      ch02_pymc.py           mymodel.pyc
alpha.png                ch03_circle.py         PID.py
beta.png                 ch03_hello_opencv.py   PID.pyc
ch01_dht22.py            circle.png             pid_temperature.png
ch01_led.py              fuzzy_mem_temp_hum.png result.png
ch01_pid.py              matplotlib             test_pid.py
ch02_bayes_theory.py     MCMC.pickle            theta_3.png
ch02_fuzzy.py            mymodel.py
[(cv) pi@raspberrypi:~/Documents/book $ python ch03_circle.py
load image
processing...
completed
writing to a file..
done
(cv) pi@raspberrypi:~/Documents/book $ ▮
```

이 프로그램은 이미지 파일에서 원형으로 된 부분을 감지한다. 감지 작업이 끝나면 circle_process.png란 이름으로 이미지 파일을 새로 생성한다.

circle_process.png 파일을 열어보면, 다음과 같이 이미지 파일 안에 네 개의 원이 그려진 것을 볼 수 있다.

코드의 실행 과정을 자세히 살펴보자.

먼저 OpenCV와 넘파이 라이브러리를 불러온다.

```
import cv2
import numpy as np
```

그리고 이미지 파일을 읽는 cv2.imread() 함수를 두 번 호출하여 각각의 결과를 orig와 processed 변수에 저장한다. processed 변수는 원을 찾기 위한 작업에서 사용한다. processed 변수에 저장된 이미지는 노이즈를 걸러내는 블러링blurring 과정을 거치면 변경된다.

```
orig = cv2.imread('circle.png')
processed = cv2.imread('circle.png', 0)
processed = cv2.medianBlur(processed, 19)
```

이미지에서 노이즈를 걸러내는 작업은 cv2.medianBlur() 함수로 처리했다. 이 함수는 중간값을 이용하여 노이즈를 걸러낸다. 이 때 파라미터 값은 반드시 1, 3, 5, 7과 같은 홀수로 지정해야 한다.

이미지에서 원형을 찾는 작업은 cv2.HoughCircles() 함수로 처리했다. param1과 param2 값은 유엔Yuen의 논문(http://www.bmva.org/bmvc/1989/avc-89-029.pdf)에서 참조했다.

```
circles = cv2.HoughCircles(processed, cv2.HOUGH_GRADIENT, 1, 70,
            param1=30,
            param2=15,
            minRadius=0,
            maxRadius=50)
```

원본 이미지(orig 변수)에서 찾아낸 원들을 모두 그린다.

```
circles = np.uint16(np.around(circles))
for (x, y, r) in circles[0, :]:
    cv2.circle(orig, (x, y), r, (0, 255, 0), 2)
```

마지막으로 계산 결과를 cv2.imwrite() 함수를 통해 circle_process.png 파일에
저장한다.

```
cv2.imwrite('circle_processing.png', orig)
```

카메라 모듈 다루기

이 절에서는 라즈베리 파이 보드에서 사용할 수 있는 여러 가지 카메라 모듈에 대
해 살펴본다. IoT 장치에서 활용할 수 있는 카메라 모델은 굉장히 다양하다. 이 절
에서는 라즈베리 파이에 장착하는 인터페이스의 종류에 따라 분류하여 소개한다.

이제 하나씩 살펴보자.

CSI 인터페이스 기반 카메라 모듈

라즈베리 파이 재단^{Raspberry Pi Foundation}은 라즈베리 파이 보드를 위한 공식 카메라 모
듈인 라즈베리 파이 카메라^{Raspberry Pi Camera}를 출시한 바 있다. 이 카메라는 CSI 인터
페이스를 통해 라즈베리 파이 보드와 연결한다. 또한 라즈베리 파이 재단에서는 라
즈베리 파이 NoIR 카메라^{Raspberry Pi NoIR Camera}라는 제품도 제공한다. 이 카메라는 해
지는 저녁 무렵처럼 빛이 많지 않은 환경에서도 찍을 수 있다. 다음 그림은 라즈베
리 파이 카메라 v2와 NoIR 카메라 v2를 보여주고 있다.

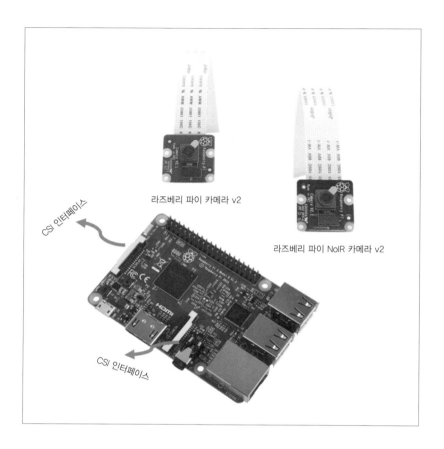

라즈베리 파이 카메라 v2

라즈베리 파이 NoIR 카메라 v2

CSI 인터페이스

CSI 인터페이스

라즈베리 파이 카메라와 NoIR 카메라는 라즈베리 파이 공식 카메라다. 카메라를 CSI 인터페이스를 통해 사용하려면 먼저 라즈비안에서 이 인터페이스를 활성화해야 한다. 이 작업은 raspi-config로 처리하면 된다. 라즈베리 파이 터미널 창에서 다음과 같이 명령어를 입력한다.

```
$ sudo raspi-config
```

그러면 다음과 같이 raspi-config 프로그램이 실행된다.

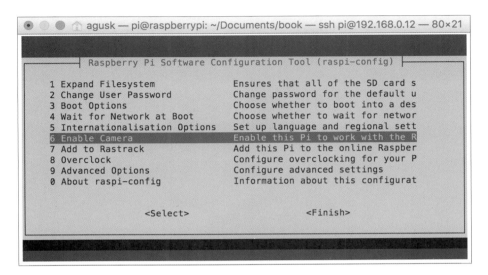

이 화면에 나온 항목 중에서 6 Enable Camera 옵션을 선택하고, Enable Camera를 클릭하여 카메라 모듈을 활성화한다. 다 설정했다면 라즈비안을 다시 시작하라는 메시지가 나타난다. 라즈비안을 재부팅하면 변경된 설정 사항이 반영된다.

이제 이 카메라를 사용할 준비가 끝났다.

USB 인터페이스 기반 카메라 모듈

카메라 모듈은 대부분 USB 인터페이스를 사용한다. 이러한 카메라를 흔히 웹캠 webcam이라 부르기도 한다. 전자 매장에 가보면 다양한 종류의 USB 카메라를 볼 수 있다.

출처: http://www.amazon.com/Microsoft-LifeCam-Cinema-Webcam-Business/dp/
B004ABQAFO/

USB 인터페이스를 사용하는 카메라 모듈은 말그대로 USB 포트를 통해 라즈베리 파이 보드와 연결한다. 라즈베리 파이 3부터는 USB 포트가 네 개나 달려 있다. 따라서 USB를 통해 최대 네 개의 카메라를 장착할 수 있다.

대부분의 USB 카메라는 라즈베리 파이와 OpenCV 라이브러리에서 곧바로 인식할 수 있다. 라즈베리 파이에서 지원하는 USB 웹캠의 종류는 http://elinux.org/RPi_USB_Webcams에서 확인할 수 있다.

시리얼 인터페이스 기반 카메라 모듈

현재 사용하는 IoT 보드에 USB 인터페이스는 없고, UART/시리얼 핀만 제공한다면, 시리얼 인터페이스를 지원하는 카메라 모듈을 사용해야 한다. 이러한 카메라 모듈의 예로 다음 그림에 나온 그로브-시리얼 카메라 키트^{Grove-Serial Camera kit}란 것이 있다.

출처: http://www.seeedstudio.com/item_detail.html?p_id=1608

UART 인터페이스를 사용하는 카메라 모듈도 라즈베리 파이의 UART GPIO 핀을 통해 연결할 수 있다.

여러 가지 인터페이스를 지원하는 카메라 모듈

카메라 모듈 중에서 어떤 것들은 시리얼, USB, SPI, I2C와 같은 여러 가지 인터페이스를 동시에 지원한다. 프로젝트에서 다양한 보드를 사용한다면, 이렇게 여러 종류의 인터페이스를 동시에 제공하는 모듈을 사용하면 편하다.

이러한 카메라의 예로 픽시 CMU캠$^{Pixy\ CMUcam}$이란 제품이 있다. 이 모듈은 공식 웹 사이트인 http://cmucam.org에서 구매할 수 있다. 다른 온라인 쇼핑몰에서도 판매한다. 저자는 씨드스튜디오^{SeeedStudio}(http://www.seeedstudio.com)에서 픽시 CMU캠 5 보드와 팬/틸트 모듈을 구매했다.

픽시 CMU캠5 모듈을 라즈베리 파이 보드에 설정해서 사용하는 방법에 대해서는 마지막 절에서 소개한다.

OpenCV 라이브러리에서 카메라 모듈 접근하기

앞 절에서는 정지 화상을 가져오기 위한 용도로 OpenCV 라이브러리를 사용했다. 카메라를 이용하면 이러한 정지 화상뿐만 아니라, 여러 개의 정시 화상을 묶어서 비디오 데이터를 생성하기도 한다. OpenCV 라이브러리를 통해 카메라 모듈에 접근하는 방법은 다음과 같다.

1. OpenCV에서 카메라에 접근할 때는 `VideoCapture` 오브젝트를 사용한다. 정지 화상을 표현하는 프레임 하나를 읽을 때는 `read()`를 호출한다.

2. 예제에서는 USB 인터페이스로 연결된 카메라를 사용한다. 카메라를 라즈베리 파이의 USB 포트에 연결하고, 텍스트 편집기에서 다음과 같이 코드를 작성한다.

```python
import numpy as np
import cv2


cap = cv2.VideoCapture(0)
while True:
    # 한 프레임씩 캡쳐한다.
    ret, frame = cap.read()

    # 캡쳐한 프레임을 화면에 표시한다.
    cv2.imshow('video player', frame)
    if cv2.waitKey(1) & 0xFF == ord('q'):
        break

cap.release()
cv2.destroyAllWindows()
```

3. 이렇게 작성한 코드를 ch03_camera_player.py 파일에 저장한다.

4. 이 프로그램을 파이썬 가상 환경 안에서 실행한다. 앞에서 OpenCV 라이브러리를 설치할 때 파이썬 가상 환경도 함께 설치한 바 있다.

5. 다음과 같이 명령을 실행한다.

```
$ python ch03_camera_player.py
```

6. 문제가 없다면 다음과 같이 카메라로부터 들어오는 비디오 스트리밍을 보여주는 다이얼로그 창이 하나 뜬다. 예를 들면 다음과 같다.

7. 실행을 종료하려면 Q 키를 입력하여 다이얼로그 창을 닫는다.
8. cv2.VideoCapture(0)을 호출하여 보드에 연결된 카메라에 접근했다. 보드에 여러 개의 카메라를 장착했다면 이 함수의 파라미터 값으로 카메라를 구분한다. 가령 두 번째 카메라에 접근할 때는 cv2.VideoCapture(1)을 호출한다.

머신 비전을 위한 패턴 인식

패턴 인식pattern recognition은 머신 비전/컴퓨터 비전에서 굉장히 중요한 부분인, 이미지에 담긴 물체를 기계가 인식하도록 가르치는 역할을 담당한다.

이 절에서는 머신 러닝을 이용해 이미지에서 물체를 인식하는 방법에 대해 폴 비올라Paul Viola와 마이클 존스Michael Jones가 발표한 논문(Rapid Object Detection using a Boosted Cascade of Simple Features)에서 나온 기법을 소개한다.

이 논문에 나온 비올라-존스 기법을 하 캐스케이드Haar Cascades라 부르기도 한다. 비올라-존스 알고리즘에서는 다음과 같은 분류기를 이용한 에이다부스트AdaBoost 알고리즘을 사용한다.

$$h(x) = \begin{cases} 1 & \sum_{t=1}^{T} \alpha_t h_t(x) \geq \frac{1}{2} \sum_{t=1}^{T} \alpha_t \\ 0 & \text{otherwise} \end{cases}$$

다행히 시각적인 물체를 감지하기 위한 비올라-존스 기법이 OpenCV 라이브러리에 이미 구현되어 있다. 또 이 기법으로 학습한 다양한 데이터도 이용할 수 있다. 이러한 학습 데이터 파일은 OpenCV 소스 코드와 함께 제공되고 있으며, 〈OpenCV_소스코드_폴더〉/data/haarcascades/에서 확인할 수 있다.

그럼 지금부터 하 캐스케이드 기법으로 이미지에서 얼굴을 검출하는 예제를 작성해 보자. 코드는 다음과 같다.

```python
import numpy as np
import cv2

face_cascade = cv2.CascadeClassifier('haarcascade_frontalface_default.xml')

img = cv2.imread('children.png')
gray = cv2.cvtColor(img, cv2.COLOR_BGR2GRAY)

faces = face_cascade.detectMultiScale(gray, 1.3, 5)
for (x, y, w, h) in faces:
    img = cv2.rectangle(img, (x, y), (x+w, y+h), (0, 255, 255), 2)

cv2.imshow('img', img)
cv2.waitKey(0)
cv2.destroyAllWindows()
```

이렇게 작성한 코드를 ch03_faces.py 파일에 저장한다.

haarcascade_frontalface_default.xml과 children.png 파일도 프로그램의 소스 코드와 같은 위치에 둔다. haarcascade_frontalface_default.xml 파일은 〈OpenCV_소스코드_폴더〉/data/haarcascades/에서 가져오면 되고, children.png 파일은 이 책의 예제 코드 묶음에서 찾을 수 있다.

라즈베리 파이 데스크탑 환경에서 터미널 창을 하나 띄우고, 다음과 같이 명령을 입력하여 예제 프로그램을 실행한다.

```
$ python ch03_faces.py
```

그러면 그림을 보여주는 다이얼로그 창이 하나 뜬다. 예제 프로그램에서는 세 개의 얼굴은 제대로 감지했지만, 하나는 놓쳤다. 개인적인 경험에 의하면 하 캐스케이드 기법은 최고의 방법은 아니지만, 상당히 쓸만하다. 이 프로그램의 실행 결과를 예를 들면 다음과 같다.

그럼 프로그램의 처리 과정을 자세히 알아보자.

가장 먼저 필요한 라이브러리와 하 캐스케이드 기법을 위한 학습 데이터를 불러온다.

```
import numpy as np
import cv2

face_cascade = cv2.CascadeClassifier('haarcascade_frontalface_default.
xml')
```

예제에서 사용할 이미지 파일을 불러들인 뒤, 컬러를 회색으로 변경한다.

```
img = cv2.imread('children.png')
gray = cv2.cvtColor(img, cv2.COLOR_BGR2GRAY)
```

얼굴을 검출하도록 face_cascade.detectMultiScale() 함수에 이미지 벡터와 크기 요소$^{scale\ factor}$, 최소 이웃$^{minimum\ neighbors}$에 대한 인자를 전달하여 호출한다. 얼굴을 찾으면 해당 위치에 사각형을 그린다.

```
faces = face_cascade.detectMultiScale(gray, 1.3, 5)
for (x, y, w, h) in faces:
    img = cv2.rectangle(img, (x, y), (x+w, y+h), (0, 255, 255), 2)
```

마지막으로 그림을 화면에 표시하고, 사용자가 키를 누를 때까지 기다린다. 아무 키나 누르면 이미지를 표시했던 다이얼로그 창을 닫는다.

```
cv2.imshow('img', img)
cv2.waitKey(0)

cv2.destroyAllWindows()
```

움직이는 물체를 추적하는 비전 시스템 만들기

이 절에서는 간단한 비전 추적$^{vision\ tracking}$ 시스템을 만들어 본다. 정지 화상에서 얼굴을 검출하는 방법에 대해서는 앞에서 설명했다. 이번에는 동영상에서 얼굴을 검출하는 시스템을 만들어 보자.

방법은 간단하다. 정지 화상을 담은 이미지 대신 카메라로부터 전달되는 이미지 프레임으로부터 얼굴을 검출하면 된다. VideoCapture 오브젝트로부터 read()를 호출한 뒤에, face_cascade.detectMultiScale() 함수에 프레임 이미지를 전달한다. 그리고 그림을 표시하는 다이얼로그 창을 띄운다. 그러면 끝이다.

이를 구현하기 위한 코드는 다음과 같이 작성한다.

```python
import numpy as np
import cv2

face_cascade = cv2.CascadeClassifier('haarcascade_frontalface_default.
xml')
cap = cv2.VideoCapture(0)
while True:
    # 한 프레임씩 캡쳐한다.
    ret, frame = cap.read()

    gray = cv2.cvtColor(frame, cv2.COLOR_BGR2GRAY)

    faces = face_cascade.detectMultiScale(gray, 1.3, 5)
    for (x, y, w, h) in faces:
        img = cv2.rectangle(frame, (x, y), (x + w, y + h), (0, 255, 255), 2)

    cv2.imshow('face tracking', frame)

    if cv2.waitKey(1) & 0xFF == ord('q'):
        break

cap.release()
cv2.destroyAlWindows()
```

이 코드를 ch03_faces_camera.py 파일에 저장한다.

이제 라즈베리 파이 데스크탑 환경에서 터미널 창을 하나 띄우고 다음과 같이 명령을 입력하여 작성한 프로그램을 실행한다.

```
$ python ch03_faces_camera.py
```

프로그램을 실행한 후에 카메라에 자신의 얼굴을 비춰본다. 그러면 예제 프로그램이 여러분의 얼굴을 감지한다. 실행 결과는 다음과 같다.

보드에 LED를 추가해서 얼굴을 감지했다는 것을 표시하도록 수정해본다.

이 프로그램은 앞에서 본 예제 프로그램에서 정지 화상을 담은 파일로 지정했던 이미지 소스를 카메라로 변경하기만 한 것이다.

나만의 IoT 머신 비전 만들기

앞 절에서는 픽시 CMU캠5 카메라 모듈을 활용하는 방법에 대해 살펴봤다. 이번 절에서는 이 모듈을 활용하는 IoT 장치를 만들어 본다.

필요한 모듈은 다음과 같다.

- 픽시 CMU캠5 센서: http://www.seeedstudio.com/item_detail.html?p_id=2048
- 픽시용 팬/틸트^{Pan/Tilt for Pixy}: http://www.seeedstudio.com/item_detail.html?p_id=2048

물론 다른 온라인 쇼핑몰에서도 구할 수 있다.

라즈베리 파이에 픽시 CMU캠5 설치하기

픽시 CMU캠5 모듈을 사용하려면 관련 라이브러리와 애플리케이션도 함께 설치해야 한다. 먼저 라즈베리 파이에서 터미널 창을 띄우고, 다음과 같이 명령을 실행한다.

```
$ sudo apt-get install libusb-1.0-0-dev
$ sudo apt-get install qt4-dev-tools
$ sudo apt-get install qt4-qmake qt4-default
$ sudo apt-get install g++
$ sudo apt-get install swig
$ sudo apt-get install libboost-all-dev
```

픽시 라이브러리와 애플리케이션은 소스 코드로 설치한다. 먼저 해당 소스 코드를 다운로드한 뒤, 픽시몬PixyMon을 설치한다.

```
$ git clone https://github.com/charmedlabs/pixy.git
$ cd pixy/scripts
$ ./build_pixymon_src.sh
```

파이썬에서 픽시 라이브러리를 사용하려면, 픽시 바인딩도 설치해야 한다. 〈pixy_library〉/pixy/scripts 디렉토리로 가서 다음과 같이 명령을 실행한다.

```
$ ./build_libpixyusb_swig.sh
```

루트가 아닌 사용자도 USB를 통해 픽시에 접근할 수 있도록 설정한다. 방법은 다음과 같다.

```
$ cd ../src/host/linux/
$ sudo cp pixy.rules /etc/udev/rules.d/
```

이제 픽시 CMU캠5를 사용할 준비가 끝났다.

조립하기

픽시 CMU캠5와 팬/틸트 모듈을 설정하기 위한 자세한 방법은 설치 문서(http://
cmucam.org/projects/cmucam5/wiki/Assembling_pantilt_Mechanism)를 참조한다. 저자
가 조립한 결과는 다음과 같다.

픽시 CMUcam5 펌웨어 업데이트하기

픽시 CMU캠5 모듈을 사용하기 전에, 보드의 펌웨어를 업데이트하는 것이 좋다. 펌
웨어는 http://cmucam.org/projects/cmucam5/wiki/Latest_release에서 다운로
드할 수 있다. 예를 들어 픽시 펌웨어 2.0.19 버전을 받으려면 http://cmucam.org/
attachments/download/1317/pixy_firmware-2.0.19-general.hex 링크를 따라가
면 된다.

다운로드한 펌웨어로 업데이트하려면, 픽시몬 애플리케이션을 실행해야 한다. 먼저 라즈베리 파이에서 픽시 CMU캠5를 분리하고, 픽시 CMU캠5 보드 상단에 있는 흰색 버튼을 누르고, 픽시 보드를 라즈베리 파이와 USB로 연결한다. 이 때 폴더 다이얼로그가 뜰 때까지 흰 버튼을 계속 누르고 있어야 한다. 그러고 나서 픽시 CMU캠5의 흰 버튼에서 손을 뗀 후, 픽시 펌웨어 파일을 선택한다. 펌웨어가 완전히 설치될 때까지 기다린다.

테스트

먼저 라즈베리 파이에서 픽시 CMU캠5를 테스트해 보자. 픽시 CMU캠5의 작동 과정을 보여주는 데모 프로그램이 다양하게 준비되어 있다. 이 절에서 하나씩 테스트해 보자.

스트리밍 비디오 불러오기

픽시 CMU캠5 애플리케이션과 라이브러리를 제대로 설치했다면, 픽시몬 애플리케이션도 설치되어 있을 것이다. 픽시몬은 학습 데이터를 관리하는 도구로서 〈pixy_codes〉/build/pixymon/bin/ 아래 설치되어 있다.

라즈베리 파이 데스크탑 환경에서 터미널 창을 하나 띄우고, 〈pixy_codes〉/build/pixymon/bin/로 이동해서 다음과 같이 명령을 실행한다.

```
$ ./PixyMon
```

문제가 없다면, 다음과 같이 픽시몬^{PixyMon} 다이얼로그 창이 하나 뜬다.

다이얼로그 창에 아무런 그림이 표시되지 않는다면, 화살표로 가리킨 빨간색 원 모양의 아이콘을 클릭한다. 그러면 픽시몬 애플리케이션이 비디오 스트리밍 모드로 전환된다. 다음 그림은 예제를 실행한 모습을 보여주고 있다.

물체 추적하기

이 절에서는 픽시 CMU캠5을 통해 물체를 추적하는 방법에 대해 알아본다. 추적할 물체는 미리 등록해야 한다. 방법은 다음과 같다.

1. 픽시 CMU캠5 모듈을 라즈베리 파이에 연결한 뒤, 픽시몬 애플리케이션을 실행 한다. 그리고 카메라에 추적할 물체를 비춘다.

2. 추적할 물체를 카메라 시야를 벗어나지 않도록 유지한다. 이 상태에서 픽시몬 애플리케이션 메뉴에서 Action ➤ Set signature 1을 클릭한다.

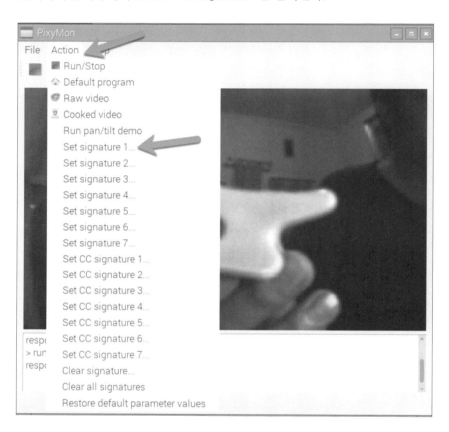

3. 그러면 픽시몬에서 이미지를 멈추는데, 여기서 추적할 물체에 해당하는 영역을 마우스로 지정한다.

4. 그러면 픽시몬에 이 시그니처 데이터가 저장된다. 이제 애플리케이션에서 그 물체를 추적한다. 물체를 이리 저리 움직여 보자.

팬/틸트 모듈로 물체 추적하기

픽시 CMU캠5에 팬/틸트 모듈을 장착했다면, 팬/틸트를 통해 물체를 추적하는 예제도 실행할 수 있다.

1. 등록한 시그니처를 이용하여 픽시몬 애플리케이션의 Action > Run Pan/Tile demo 메뉴를 선택하여 Pan/Tile를 활성화한다.

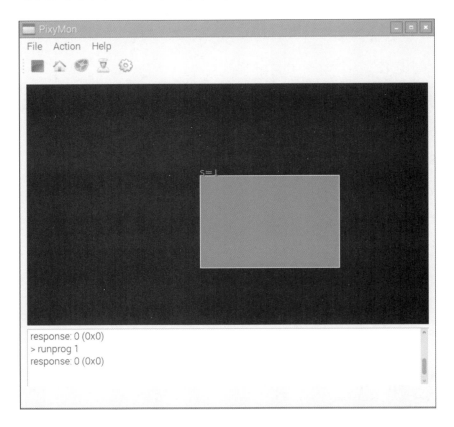

2. 물체를 이리 저리 움직여 본다. 그러면 팬/틸트 모듈이 물체의 위치에 따라 움직인다.

파이썬 애플리케이션 실행하기

앞에서 등록한 것과 동일한 시그니처를 통해 시그니처 위치를 얻을 수 있다. 이 때 파이썬으로 작성된 예제 프로그램을 활용할 수 있다.

〈pixy_codes〉/build/libpixyusb_swig/ 디렉토리로 이동해보면 get_blocks.py 파일이 있다. 이 프로그램을 다음과 같이 실행한다.

```
$ python get_blocks.py
```

이 프로그램은 발견한 시그니처의 위치를 가져온다. 실행 결과는 다음과 같다.

```
● ● ●  ⌂ agusk — pi@raspberrypi: ~/pixy/pixy/build/libpixyusb_swig — ssh pi@192.168....
pi@raspberrypi:~/pixy/pixy/scripts $ ls
build_hello_pixy.sh          build_pantilt_c_demo.sh      install_libpixyusb.sh
build_libpixyusb.sh          build_pantilt_python_demo.sh pack_pixymon_src.sh
build_libpixyusb_swig.sh     build_pixymon_src.sh
pi@raspberrypi:~/pixy/pixy/scripts $ cd ..
pi@raspberrypi:~/pixy/pixy $ cd build/
libpixyusb/        libpixyusb_swig/ pixymon/
pi@raspberrypi:~/pixy/pixy $ cd build/libpixyusb_swig/
pi@raspberrypi:~/pixy/pixy/build/libpixyusb_swig $ ls
build  get_blocks.py  pixy.i  pixy.py  _pixy.so  pixy_wrap.cxx  setup.py  src
pi@raspberrypi:~/pixy/pixy/build/libpixyusb_swig $ python get_blocks.py
Pixy Python SWIG Example -- Get Blocks
frame   0:
[BLOCK_TYPE=0 SIG=1 X=309 Y=198 WIDTH=  9 HEIGHT=  2]
frame   1:
[BLOCK_TYPE=0 SIG=1 X=309 Y=198 WIDTH=  9 HEIGHT=  2]
frame   2:
[BLOCK_TYPE=0 SIG=1 X=309 Y=198 WIDTH=  9 HEIGHT=  2]
frame   3:
[BLOCK_TYPE=0 SIG=1 X=309 Y=198 WIDTH=  9 HEIGHT=  2]
```

제대로 실행된다면 라즈베리 파이에서 픽시 CMU캠5 모듈을 제어하도록 예제를 수정한다.

시그니처 모두 삭제하기

작업이 모두 끝난 뒤에 더 이상 시그니처 데이터를 사용할 일이 없다면, 픽시몬 애플리케이션의 Action ➤ Clear all signatures 메뉴를 클릭하여 시그니처 데이터를 모두 삭제한다.

요약

이 장에서는 OpenCV를 이용한 몇 가지 머신 비전 시스템에 대해 살펴봤다. 이 과정에서 OpenCV를 활용하는 코드를 파이썬으로 작성했다.

이 장의 후반부에서는 라즈베리 파이 보드에 머신 비전 시스템을 구축하여 얼굴을 감지하고, 물체를 추적하는 방법에 대해서도 살펴봤다.

다음 장에서는 머신 러닝을 활용하여 자율 주행 자동차를 만드는 방법에 대해 배워보자.

참고 문헌

이 장에서 소개한 주제에 대한 자세한 사항은 다음 문헌을 참고한다.

1. Richard Szeliski. Computer Vision: Algorithms and Applications, Springer. 2011

2. P. Viola and M. Jones, Rapid object detection using a boosted cascade of simple features, Computer Vision and Pattern Recognition, 2001. CVPR 2001. Proceedings of the 2001 IEEE Computer Society Conference on, 2001, pp. I-511-I-518 vol. 1.

3. OpenCV 라이브러리, http://opencv.org

4
자율 주행 자동차 로봇

이 장에서는 몇 가지 센서와 액추에이터를 이용하여 사람의 개입 없이 스스로 움직이는 자동차 로봇을 만들어 보자. 이 과정에서 컴퓨터를 통해 로봇의 방향과 동작을 제어하는 방법도 소개한다.

이 장에서는 다루는 주제는 다음과 같다.

- 자율 시스템의 개요
- 모바일 로봇의 개요
- 자동차 로봇 만드는 방법
- 아두이노로 포롤루 주모^{Pololu Zumo} 로봇 제어하는 방법
- 컴퓨터에서 자동차 로봇 제어하는 방법
- GPS 모듈로 네비게이션 하는 방법
- 맵 엔진 플랫폼의 개요
- 자동차용 GPS 네비게이션 제작 방법
- 나만의 자율 주행 자동차 만드는 방법

자율 시스템의 개요

자율 시스템autonomous system이란, 학습을 통해 작업을 자동으로 수행하는 시스템이다. 기존 시스템은 미리 정의해 둔 작업 목록에 따라 작동하지만, 자율 시스템은 수행할 작업을 스스로 학습한다.

자율 로봇 시스템과 관련된 대표적인 문제를 두 가지 꼽으면 다음과 같다.

* 경로 및 동작 계획 문제
* 동작 제어 문제

경로 계획path-planning과 동작 계획motion-planning이란, 로봇이 한 지점에서 다른 지점으로 이동할 때 어떤 경로를 따를지를 정하는 것이다. 로봇은 지도를 보고 이동할 수도 있고, 지도 없이 움직일 수도 있다. 동작 제어motion control란 로봇이 움직이는 방식을 제어하는 것이다. 한 지점에서 다른 지점으로 이동할 때, 미로를 거쳐갈 수도 있고, 지그재그로 이동할 수도 있다.

일반적으로 자율 시스템은 다음과 같은 구조를 가진다.

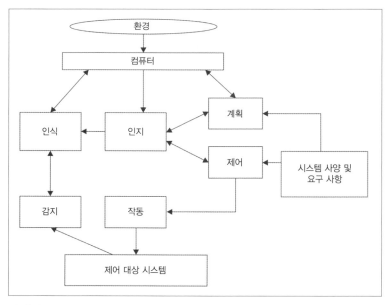

출처: Meystel, A.: Intelligent Control: A Sketch of the Theory, 1. Intelligent and
Robotic Systems, Vol. 2, 1989, pp. 97-107)

앞에 나온 그림을 통해 자율 시스템은 다음과 같이 여섯 가지 핵심 요소로 구성된다는 것을 알 수 있다.

- 인지
- 인식
- 계획
- 제어
- 감지
- 작동

이 장에서는 자율 시스템의 핵심 요소를 구현하는 방법에 대해 살펴본다. 이를 위해 시중에 나와 있는 로봇 플랫폼과 아두이노 보드를 이용하여 자율 로봇을 직접 만들어 보자.

모바일 로봇의 개요

모바일 로봇이란 움직일 수 있는 기능을 갖춘 로봇이다. 모터가 달려 있어서 한 지점에서 다른 지점으로 이동할 수 있다. 일반적으로 모바일 로봇은 아래 그림에 나온 다섯 가지 구성 요소로 만든다.

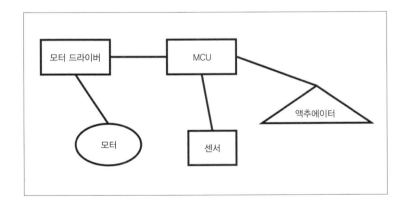

MCU^{Microprocessor Central Unit}는 로봇에게 명령을 내리는 지휘 본부 역할을 한다. 예를 들어, 아두이노, 인텔 에디슨, 비글본 블랙/그린, 라즈베리 파이 보드 등이 있다. 이러한 MCU 보드는 프로그래밍할 수 있으며, 보드마다 고유한 기능을 갖추고 있기다. 크기와 무게를 비롯한 보드의 특성에 따라 원하는 MCU 보드를 선택하면 된다.

로봇의 움직이는 방식에 따라 모터도 적절히 선정한다. 모터를 제어하기 위해서는 모터 드라이버가 필요하다. MCU에 따라 PWM/아날로그 출력을 지원하지 않을 수도 있기 때문이다. 또한 모터는 대체로 높은 전압을 사용한다. 그래서 MCU에 모터를 직접 연결하면 망가질 수도 있다. 대다수의 모터 드라이버 모듈은 모터에 사용할 전압을 제어하는 전압 조절기를 갖추고 있다.

로봇이 있는 환경에 대한 정보를 수집할 때는 센서를 활용한다. 센서^{sensor}는 물리적인 입력 데이터를 수집하고 이를 디지털 데이터로 변환한다. MCU에 장착할 수 있는 센서 장치의 종류는 굉장히 다양하다. 센서로 수집한 온도나 습도와 같은 데이터는 센서 모듈마다 정의한 형태로 출력한다. 카메라도 일종의 센서다. 광학 센서를 통해 로봇 주변의 이미지를 수집하기 때문이다.

로봇은 액추에이터^{actuator}를 이용하여 주변 환경과 상호 작용 한다. LED 역시 단순한 형태의 액추에이터로서, 특정한 정보를 표시한다. 가령 가스 센서가 달린 로봇이 위험한 가스를 감지하면, 빨간색 LED를 켜서 경고 신호를 보낸다. 원하는 액추에이터를 얼마든지 장착해도 되지만, 여기에 전원을 공급하는 배터리의 용량에는 한계가 있다는 점을 반드시 고려해야 한다.

자동차 로봇 만들기

이 절에서는 자동차 로봇을 만들어 본다. 직접 로봇을 만들기 위해서는 결정해야 할 사항이 많다. 자동차 로봇을 설계할 때 고려할 사항에 대한 체크리스트를 작성하면 다음과 같다.

- **목적**: 자동차 로봇을 만드는 목적을 결정한다. 단순히 재미로 할 수도 있고, 연구나 전문 프로젝트로 진행할 수도 있다.
- **MCU**: 로봇을 제어하기 위해 어느 정도로 복잡한 프로그래밍 작업을 수행해야 할 지를 결정한다. 아두이노 보드로 충분할 수도 있고, 라즈베리 파이와 같은 고급 기능을 갖춘 MCU 보드를 사용해야 할 수도 있다.
- **배터리**: 굉장히 중요한 요소다. 사용하려는 전력 범위에 맞게 배터리를 결정한다.
- **센서와 액추에이터**: 만들려는 로봇 보드의 목적에 맞는 센서와 액추에이터를 사용한다. 센서와 액추에이터가 많을수록 배터리 사용량도 늘어난다. 또한 로봇의 무게에도 영향을 미친다.

로봇의 성능에 대해서도 이렇게 체크리스트를 작성해 본다.

다음 절에서는 DIY 로봇 플랫폼과 완제품 형태의 로봇 플랫폼에 대해 살펴본다.

DIY 로봇 플랫폼

DIY^{Do-It-Yourself} 로봇 플랫폼으로 로봇을 만들 때는 많은 노력과 창의력이 필요하다. 벤더에 따라 필요한 부품이 모두 담긴 키트 형태로 판매하기도 한다. DIY 플랫폼으로 작업할 때는 전자 부품을 납땜하는 것을 비롯한 로봇을 만드는 데 필요한 모든 작업을 사용자가 직접 처리해야 한다.

DIY 로봇 플랫폼의 예로, 스파크펀 인벤터 키트 포 레드봇^{SparkFun Inventor's Kit for} ^{RedBot}(https://www.sparkfun.com/products/12649)이란 제품이 있다.

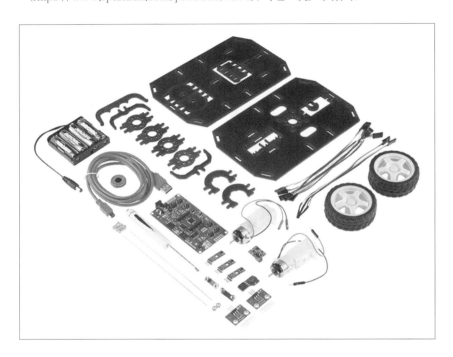

스파크펀 인벤터 키트 포 레드봇은 로봇을 제작하는 데 필요한 모든 부품을 함께 제공한다. 이러한 부품을 직접 조립해야 모바일 로봇을 만들 수 있다. 이 키트에는 아두이노 기반의 MCU 보드도 포함되어 있어서 프로그램도 손쉽게 작성할 수 있다.

또 다른 중국산 저가 DIY 로봇 플랫폼으로 뱅굿^{Banggood}에서 제공하는 DIY 스마트 모터 로봇 카^{DIY Smart Motor Robot Car}(http://www.banggood.com/DIY-Smart-Motor-Robot-Car-Chassis-Battery-Box-Kit-Speed-Encoder-For-Arduino-p-1044541.html)도 있다. 이 제품은 dx.com, 이베이, 알리익스프레스, 알리바바 등에서 구매할 수 있다.

DIY 스마트 모터 로봇 카 키트에는 MCU가 포함되어 있지 않기 때문에, 아두이노나 라즈베리 파이와 같은 MCU 보드는 별도로 구매해야 한다. 키트를 준비했다면 설명서를 보고 로봇 자동차를 만들면 된다.

동네 상점에 가보면 로봇을 만들기 위한 DIY 키트가 다양하게 나와 있다. 원하는 제품을 선택하여 마음껏 창의력을 발휘해 보기 바란다.

완제품 형태의 로봇 플랫폼

로봇을 직접 조립하기 귀찮거나 납땜을 하고 싶지 않다면, 완제품 형태의 로봇 키트를 구매해도 된다. 조립 과정 없이 로봇 프로그래밍 작업에만 집중할 수 있도록, 일부 벤더에서는 완제품 형태의 로봇 플랫폼을 제공한다. 그 중에서 아두이노 플랫폼에서 로봇 프로그래밍을 할 수 있는 포롤루 주모 아두이노^{Pololu Zumo Arduino}라는 제품 (https://www.pololu.com/product/2510)이 있다.

주모 로봇 포 아두이노^{Zumo Robot for Arduino}는 아두이노 쉴드 형태로 설계된 것으로, 아두이노 우노^{Uno}를 비롯하여 아두이노 레오나르도^{Leonardo}, 아두이노 101, 아두이노 제로 등을 지원한다. 아두이노를 사용할 때는 전력 핀이 5V로 작동하는 점에 주의한다.

주모 32U4 로봇^{Zumo 32U4 Robot}이란 제품도 있다(https://www.pololu.com/
product/3125). 이 모델은 아두이노 보드를 내장하고 있기 때문에 별도로 아두이노
보드를 구매할 필요 없이 곧바로 스케치 프로그램을 작성해서 보드에 올리기만 하
면 된다.

또 다른 제품으로 메이크블록^{Makeblock}에서 만든 메이크블록 엠봇 V1.1^{Makeblock mBot} ^{V1.1}이란 제품도 있다(http://makeblock.com/mbot-v1-1-stem-educational-robot-kit). 이 키트는 아두이노 우노 기반으로 구성되어 있으며 로봇에 필요한 모든 부품을 갖추고 있다. 메이크블록 엠봇 V1.1은 두 가지 무선 통신 모듈(블루투스와 라디오)을 지원한다. 구매할 때 원하는 무선 통신 모듈을 선택하면 된다.

메이크블록 엠봇에서 프로그램을 작성할 때는 메이크블록에서 제공하는 엠블록 ^mBlock^이라는 개발 도구를 사용할 수 있다. 이 도구는 클릭과 드래그로 그림 그리듯 프로그램을 작성할 수 있도록 스크래치^Scratch^(https://scratch.mit.edu)를 개조한 것이다.

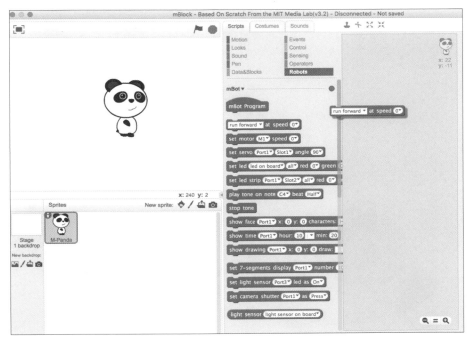

출처: http://learn.makeblock.com/en/getting-started-programming-with-mblock/

포롤루 주모 로봇 포 아두이노로 로봇 만들기

이 절에서는 장애물을 피하는 데 필요한 최소한의 동작만 갖춘 간단한 로봇을 만들어 보자. 로봇이 움직이다가 장애물을 만나면, 왼쪽으로 회전하여 물체를 피한다. 장애물을 감지하는 기능은 초음파 모듈로 구현한다. 저자는 초음파 모듈로 HC-SR04를 주로 사용한다. 가격이 저렴하며 dx.com이나 banggood.com, 알리익스프레스 등에서 구입할 수 있다. HC-SR04는 다음 그림처럼 생겼다.

HC-SR04 모듈은 네 개의 핀(VCC, GND, 트리거^{Trigger}, 에코^{Echo})을 갖고 있다. 그 중에서 트리거와 에코 핀은 아두이노의 디지털 I/O에 연결할 때 사용한다. 그렇다면 HC-SR04를 포폴루 주모 로봇 포 아두이노에 연결하려면 어떻게 해야 할까?

포롤루 사용자 가이드 문서에 따르면 (HC-SR04 모듈에 있는 네 개의 핀을) 아두이노의 디지털 I/O의 4번, 11번, 5번, 2번 핀에 연결한다. 가장 쉬운 방법은 HC-SR04 모듈을 (포롤루 주모 로봇 포 아두이노 쉴드의) 프론트 익스팬션^{front expansion}의 핀에 연결하는 것이다. 그림으로 표현하면 다음과 같다.

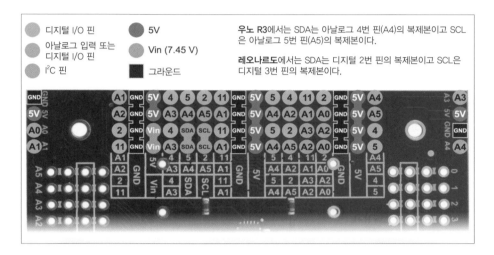

예제에서는 HC-SR04의 트리거^{Trigger}와 에코^{Echo} 핀을 아두이노 디지털 I/O의 2번과 4번 핀에 연결한다. HC-SR04의 VCC와 GND 핀은 각각 아두이노의 5V와 GND 핀에 연결한다. 그림으로 표현하면 다음과 같다.

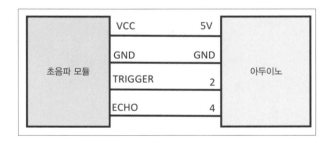

또 다른 방법으로 (프론트 익스팬션 핀 대신) 포롤루 주모 로봇 쉴드에 핀 헤더를 납땜한 뒤 HC-SR04를 연결해도 된다. 이 때 반드시 포롤루 주모 로봇 쉴드에서 사용하지 않는 디지털 핀 4번, 11번, 5번, 2번에 연결해야 한다.

아래 그림은 HC-SR04를 연결한 모습을 보여주고 있다.

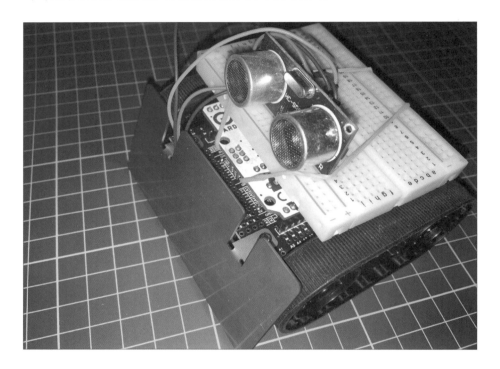

스케치 프로그램을 작성할 때 NewPing 라이브러리를 사용한다. http://playground.arduino.cc/Code/NewPing에서 라이브러리를 다운로드해서 아두이노 라이브러리 폴더에 설치한 뒤, 스케치 프로그램을 구동한다.

아두이노 IDE를 열고 다음과 같이 코드를 작성한다.

```
#include <NewPing.h>
#include <ZumoMotors.h>

#define TRIGGER_PIN      2
#define ECHO_PIN         4
#define MAX_DISTANCE     600

NewPingsonar(TRIGGER_PIN, ECHO_PIN, MAX_DISTANCE);
ZumoMotors motors;
long duration, distance;

void setup() {
    pinMode(13, OUTPUT);
    pinMode(TRIGGER_PIN, OUTPUT);
    pinMode(ECHO_PIN, INPUT);
    Serial.begin(9600);
}

void loop() {

    digitalWrite(TRIGGER_PIN, LOW);
    delayMicroseconds(2);

    digitalWrite(TRIGGER_PIN, HIGH);
    delayMicroseconds(10);

    digitalWrite(TRIGGER_PIN, LOW);
    duration = pulseIn(ECHO_PIN, HIGH);

    // 소리의 속도를 이용하여 거리를 (cm 단위로) 계산한다.
    distance = duration/58.2;

    Serial.println(distance);
    motors.setRightSpeed(100);
    motors.setLeftSpeed(100);
```

```
        delay(200);

        if(distance <= 20) {
            digitalWrite(13, HIGH); // 방향을 바꾼다.
            motors.setLeftSpeed(-300);
            motors.setRightSpeed(100);
            delay(200);
        }else{
            ditialWrite(13, LOW);
            motors.setLeftSpeed(100);
            motors.setRightSpeed(100);
            delay(200);
        }
}
```

이 프로그램을 ch04_01이라는 이름으로 저장하고, 아두이노 보드에 올린다.

이제 포롤루 주모 로봇의 전원을 켜고 방안의 모서리 부분에 둔 뒤, 장애물을 잘 피하는 지 테스트한다.

작동 원리

먼저 초음파 모듈(HC-SR04)이 사용하는 핀을 정의한다.

```
#define TRIGGER_PIN     2
#define ECHO_PIN        4
#define MAX_DISTANCE    600

NewPingsonar(TRIGGER_PIN, ECHO_PIN, MAX_DISTANCE);
```

이어서 setup() 함수에서 TRIGGER_PIN을 출력으로, ECHO_PIN을 입력으로 설정한다.

```
pinMode(TRIGGER_PIN, OUTPUT);
pinMode(ECHO_PIN, INPUT);
```

그리고 TRIGGER_PIN에 적절히 신호를 전달한 뒤, ECHO_PIN에 신호가 들어온 시간을 측정한다.

```
digitalWrite(TRIGGER_PIN, LOW);
delayMicroseconds(2);

digitalWrite(TRIGGER_PIN, HIGH);
delayMicroseconds(10);

digitalWrite(TRIGGER_PIN, LOW);
duration = pulseIn(ECHO_PIN, HIGH);
```

거리를 알아내기 위해 초음파 모듈(HC-SR04)로 측정한 시간을 음속(58.2)으로 나눈다.

```
distance = duration/58.2;
```

거리가 20cm 이하면 로봇의 방향을 왼쪽으로 튼다. 로봇이 방향을 전환하는 방식을 변경하려면 이 부분을 수정한다.

```
if(distance <= 20) {
    digitalWrite(13, HIGH); // 방향을 바꾼다.
    motors.setLeftSpeed(-300);
    motors.setRightSpeed(100);
    delay(200);
}else{
    ditialWrite(13, LOW);
    motors.setLeftSpeed(100);
    motors.setRightSpeed(100);
    delay(200);
}
```

컴퓨터에서 자동차 로봇 제어하기

컴퓨터에서 로봇을 제어할 수도 있다. 이렇게 하기 위해서는 로봇이 수행할 동작을 명령으로 보내야 한다. 컴퓨터와 로봇이 명령을 주고 받으려면 양쪽 모두 통신 모듈을 갖추고 있어야 한다.

이 절에서는 포롤루 주모 로봇과 컴퓨터가 통신하도록 만들어 보자. 무선 통신을 위해 블루투스 모듈을 사용한다.

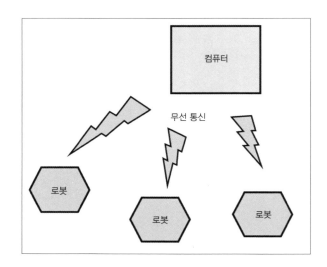

예제에서는 블루투스 모듈로 HC-06을 사용한다. 이 모듈은 블루투스 슬레이브로 작동하며 UART 프로토콜로 직접 통신할 수 있다. HC-06 모듈은 가격이 저렴하며 banggood.com, 이베이, dx.com, 알리익스프레스 등에서 구입할 수 있다.

HC-06 블루투스 모듈은 다음과 같이 네 개의 핀으로 구성되어 있다.

- VCC
- GND
- Rx
- Tx

HC-06 블루투스 모듈은 다음 그림처럼 생겼다.

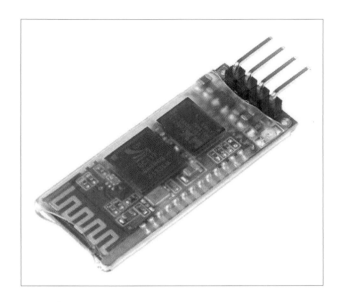

HC-06 블루투스 모듈과 통신하려면 SoftwareSerial 라이브러리가 필요하다
(https://www.arduino.cc/en/Reference/SoftwareSerial). 이 라이브러리는 AVR MCU
모델에서 사용할 수 있다. 아두이노 101이나 제로처럼 아두이노용 ARM MCU을 사
용하는 보드는 SoftwareSerial 라이브러리를 사용할 수 없다.

아두이노 레오나르도의 경우, SoftwareSerial 라이브러리에서 사용할 수 있는 디지
털 핀이 제한되어 있다. 정확한 핀 번호는 SoftwareSerial 라이브러리 웹사이트에서
확인하기 바란다.

예제에서는 아두이노 우노 R3 보드를 사용한다. 이 보드를 포롤루 주모 로봇 포 아
두이노 쉴드와 연결한다.

포롤루 주모 로봇 포 아두이노의 프론트 익스팬션 플레이트를 통해 HC-06 블루
투스 모듈과 연결하도록, 아두이노의 디지털 핀 2번과 4번을 각각 Rx와 Tx로 정
의한다.

예제 회로를 연결하는 방법은 다음과 같다.

- HC-06 블루투스 모듈의
  VCC를 프론트 익스팬션 플레이트의 5V에 연결한다.
- HC-06 블루투스 모듈의
  GND를 프론트 익스팬션 플레이트의 GND에 연결한다.
- HC-06 블루투스 모듈의
  Rx를 프론트 익스팬션 플레이트의 4번 핀(Tx)에 연결한다.
- HC-06 블루투스 모듈의
  Tx를 프론트 익스팬션 플레이트의 2번 핀(Rx)에 연결한다.

이제 포롤루 주모 로봇 포 아두이노에 올릴 스케치 프로그램을 작성해 보자. 아두이노 IDE를 열고 다음과 같이 코드를 작성한다.

```
#include <ZumoMotors.h>
#include <SoftwareSerial.h>

// D2 >>> Rx, D4 >>> Tx
SoftwareSerialbluetooth(2, 4); // RX, TX
charval;
ZumoMotors motors;

void setup() {
    Serial.begin(9600);
    pinMode(13, OUTPUT);
    bluetooth.begin(9600);
    Serial.println("Bluetooth On..");
}

void loop() {
    if(bluetooth.available()){
        digitalWrite(13, HIGH);
        val = bluetooth.read();

        Serial.println(val);
```

```
        if(val == 'l') {
            motors.setLeftSpeed(-300);
            motors.setRightSpeed(100);
            Serial.println("turn left");
        }

        if(val == 'r') {
            motors.setRightSpeed(-300);
            motors.setLeftSpeed(100);
            Serial.println("turn right");
        }

        if(val == 'f') {
            motors.setLeftSpeed(100);
            motors.setRightSpeed(100);
            Serial.println("forward");
        }

        digitalWrite(13, LOW);
    }
    delay(200);
}
```

이 프로그램을 ch04_02 파일에 저장한 다음, 아두이노 보드에 올린다.

그러면 프로그램을 작성한 컴퓨터의 블루투스와 HC-06 블루투스 모듈이 페어링된
다. 저자는 맥북에서 HC-06 블루투스 모듈과 연결했다. 맥북의 블루투스 설정 메
뉴를 보면, 아래와 같이 HC-06 블루투스 모듈이 HC-06이란 이름으로 표시된 것
을 확인할 수 있다.

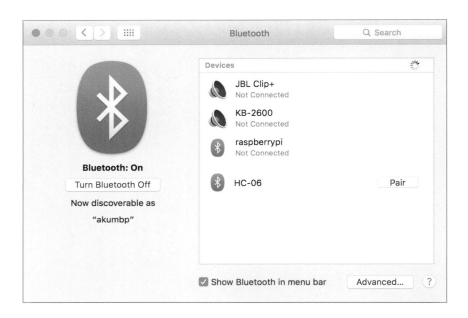

저자가 한 것처럼 HC-06 블루투스 모듈과 페어링한다. 페어링 키에 대한 디폴트 값은 1234다.

정상적으로 처리됐다면 아래와 같이 HC-06이 컴퓨터와 연결됐다고 표시된다.

이제 HC-06에 대한 시리얼 포트 이름을 확인한다. 터미널 창에서 아래와 같이 명령을 실행한다.

$ ls /dev/cu*

그러면 HC-06에 대한 시리얼 포트 이름을 볼 수 있다. 저자의 컴퓨터에서는 /dev/cu.HC-06-DevB라고 표시됐다. 프로그램을 작성할 때 이 값을 사용한다.

```
[agusk$ ls /dev/cu*
/dev/cu.Bluetooth-Incoming-Port /dev/cu.usbmodem1411
/dev/cu.HC-06-DevB
agusk$
```

이제 HC-06용 시리얼 포트에 접근하는 파이썬 코드를 작성한다. 시리얼 포트에 접근하는 부분은 pyserial 라이브러리(https://pypi.python.org/pypi/pyserial)로 작성한다.

아직 이 라이브러리를 설치하지 않았다면, 터미널 창에서 다음과 같이 명령을 실행하여 라이브러리를 설치한다.

$ pip install pyserial

명령을 실행할 때 sudo를 붙여야 할 수도 있다.

이제 파이썬 프로그램을 작성한다. 코드는 다음과 같다.

```
import serial

serial_hc06 = '/dev/cu.HC-06-DevB'
counter = 0

print('open ', serial_hc06)
hc06 = serial.Serial(serial_hc06, 9600)
```

```
while True:
try:
    # python 3.x
    # c = input('>> ')

    # python 2.7.x
    c = raw_input('>> ')

    if c == 'q':
    break

    hc06.write(c)

except (KeyboardInterrupt, SystemExit):
    hc06.close()
    raise

print('Exit')
```

HC-06 블루투스 모듈에 대한 시리얼 포트 이름을 변경하려면 serial_hc06의 값을 수정하면 된다. 이 프로그램을 ch04_03.py 파일에 저장한다.

이제 다음과 같이 명령을 입력하여 프로그램을 실행한다.

$ python ch04_03.py

터미널에 >> 표시가 나타나면, r(오른쪽으로 회전), l(왼쪽으로 회전), f(앞으로 이동)를 입력한다.

프로그램을 종료하려면 q를 입력한다. 예를 들어 예제를 다음과 같이 실행할 수 있다.

```
codes — -bash — 80×20
agusk$ python ch04_03.py
('open ', '/dev/cu.HC-06-DevB')
>> r
>> l
>> f
>> g
>> h
>> r
>> f
>> q
Exit
agusk$
```

아두이노 보드가 컴퓨터에 연결되어 있다면, 시리얼 모니터^{Serial Monitor} 창을 통해 아두이노에서 시리얼 포트로 전달하는 메시지를 살펴볼 수 있다. 컴퓨터에서 아두이노로 보내는 명령 문자도 표시된다.

예를 들어 앞에서 예제 프로그램을 실행하는 동안 시리얼 모니터를 띄워두면 다음과 같이 표시된다.

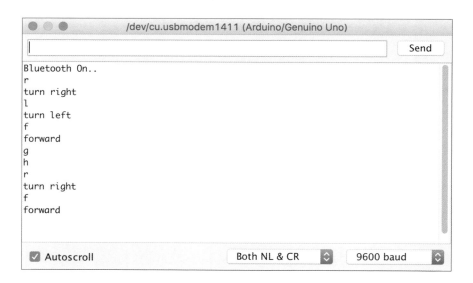

```
/dev/cu.usbmodem1411 (Arduino/Genuino Uno)
                                              Send
Bluetooth On..
r
turn right
l
turn left
f
forward
g
h
r
turn right
f
forward

☑ Autoscroll        Both NL & CR        9600 baud
```

작동 원리

예제 프로그램은 두 개로 구성된다. 하나는 아두이노에 올릴 스케치 프로그램이고, 다른 하나는 컴퓨터에서 실행할 파이썬 프로그램이다. 아두이노 보드는 포롤루 주모 로봇에 장착되어 있으며, 컴퓨터가 블루투스를 통해 보내는 메시지를 받는다.

스케치 프로그램에서 다음과 같이 모터와 블루투스 모듈을 정의했다.

```
SoftwareSerialbluetooth(2, 4); // RX, TX
charval;
ZumoMotors motors;
```

포롤루 주모 로봇은 블루투스 연결을 통해 명령이 전달될 때까지 기다린다. r 명령이 전달되면, 로봇의 방향을 오른쪽으로 튼다. l 명령이 전달되면, 로봇의 방향을 왼쪽으로 튼다. f 명령이 전달되면, 로봇을 앞으로 이동한다.

```
if(bluetooth.available()){
    digitalWrite(13, HIGH);
    val = bluetooth.read();

    Serial.println(val);
    if(val == 'l') {
        motors.setLeftSpeed(-300);
        motors.setRightSpeed(100);
        Serial.println("turn left");
    }

    if(val == 'r') {
        motors.setRightSpeed(-300);
        motors.setLeftSpeed(100);
        Serial.println("turn right");
    }

    if(val == 'f') {
        motors.setLeftSpeed(100);
        motors.setRightSpeed(100);
        Serial.println("forward");
```

```
    }

    digitalWrite(13, LOW);
}
```

컴퓨터에서 실행할 프로그램은 파이썬으로 작성했다. 이 프로그램은 블루투스로 연결된 시리얼 포트를 통해 데이터를 보낸다. 컴퓨터의 시리얼 포트에 접속하는 부분은 pyserial 라이브러리로 처리했다.

HC-06 블루투스가 연결된 시리얼 포트의 이름을 정의한다. HC-06 모듈과 컴퓨터의 블루투스 모듈이 실제로 연결할 때 결정된 이름을 작성한다.

```
serial_hc06 = '/dev/cu.HC-06-DevB'
counter = 0
print('open ', serial_hc06)
hc06 = serial.Serial(serial_hc06, 9600)
```

시리얼 포트를 열면, 파이썬 프로그램은 사용자가 문자를 입력하기를 기다린다. 문자가 입력되면 그 값을 시리얼 포트로 전달한다.

```
# python 3.x
# c = input('>> ')

# python 2.7.x
c = raw_input('>> ')
```

사용자가 q를 입력하면 파이썬 프로그램을 종료한다.

GPS 모듈로 네비게이션하기

GPS는 위성으로부터 위치 정보를 받는 모듈로, 야외에서 위치를 알아내는 용도로 활용한다. GPS 모듈은 여러 개의 GPS 위성으로부터 정보를 받을 수 있다.

이 절에서는 GPS 모듈을 통해 위치 정보를 알아내는 방법을 소개한다. 위성으로부터 위치 정보를 전달 받아서 컴퓨터의 블루투스 모듈로 전달하도록 만들어 보자.

위성으로부터 위치 정보를 받아오는 부분은 U-blox NEO-6M 모듈을 사용한다. 블루투스 모듈은 앞에서 본 예제와 동일한 HC-06 모듈을 사용한다. 컴퓨터는 로봇이 전달하는 GPS 데이터를 수신한다. 전달된 GPS 데이터는 위도와 경도 좌표로 구성된다.

저자는 U-blox NEO-6M 모듈을 dx.com(http://www.dx.com/p/gps-module-w-ceramic-passive-antenna-for-raspberry-pi-arduino-red-384916)에서 구매했다. 이 모듈은 가격이 저렴하며, 뱅굿, 이베이, 알리익스프레스 등에서도 판매하고 있다.

U-blox NEO-6M 모듈은 다음 그림처럼 생겼다.

U-blox NEO-6M 모듈은 TTL로 출력하기 때문에 데이터를 쉽게 읽을 수 있다. 이 모듈을 통해 전달되는 GPS 데이터는 아무런 포맷이 적용되지 않은 원시^{raw} 데이터이므로, GPS 데이터 파서로 처리해야 한다. GPS 데이터를 인코딩하는 부분은 TinyGPS 라이브러리(https://github.com/mikalhart/TinyGPS)로 처리한다. TinyGPS를 다운로드한 뒤, 아두이노 라이브러리에 추가한다.

그런 다음 회로를 연결한다. 연결 방법은 다음 그림과 같다.

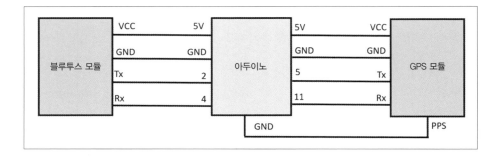

회로의 연결 방법을 요약하면 다음과 같다.

- **블루투스 모듈**: 다음과 같이 연결한다.
  - 블루투스 모듈의 VCC를 아두이노의 5V에 연결한다.
  - 블루투스 모듈의 GND를 아두이노의 GND에 연결한다.
  - 블루투스 모듈의 Tx를 아두이노의 2번 핀에 연결한다.
  - 블루투스 모듈의 Rx를 아두이노의 4번 핀에 연결한다.

- **GPS 모듈**: 다음과 같이 연결한다.
  - GPS 모듈의 VCC를 아두이노의 5V에 연결한다.
  - GPS 모듈의 GND를 아두이노의 GND에 연결한다.
  - GPS 모듈의 Tx를 아두이노의 5번 핀에 연결한다.
  - GPS 모듈의 Rx를 아두이노의 11번 핀에 연결한다.
  - GPS 모듈의 PPS를 아두이노의 GND에 연결한다.

그런 다음 아두이노에 올릴 프로그램을 작성한다. 아두이노 IDE를 열고, 다음과 같이 스케치 프로그램을 작성한다.

```
#include <SoftwareSerial.h>
#include <TinyGPS.h>

// D2 >>> Rx, D4 >>> Tx
SoftwareSerialbluetooth(2, 4); // RX, TX

// D5 >>> Rx, D11 >>> Tx
SoftwareSerialgps(5, 11); // RX, TX
charval;
TinyGPSgps_mod;

void setup() {
    Serial.begin(9600);
    pinMode(13, OUTPUT);
    bluetooth.begin(9600);
    Serial.println("Bluetooth On..");
    gps.begin(9600);
    Serial.println("GPS On..");
}

void loop() {
    boolnewData = false;
    unsigned long chars;
    unsigned short sentences, failed;

    // GPS 좌표를 3초마다 읽는다.
    for (unsigned long start = millis(); millis()-start < 3000;){
        while (gps.available()) {
            char c = gps.read();
            //Serial.println(c);
            if (gps_mod.encode(c))
                newData = true;
            }
        }
```

```
        if (newData) {
            float flat, flon;
            unsigned long age;

            digitalWrite(13, HIGH);
            gps_mod.f_get_position(&flat, &flon, &age);

            print_data("LAT=");
            print_num_data(
flat == TinyGPS::GPS_INVALID_F_ANGLE ? 0.0 : flat, 6);
            print_data(" LON=");
            print_num_data(
flat == TinyGPS::GPS_INVALID_F_ANGLE ? 0.0 : flon, 6);
            print_data(" SAT=");
            print_num_data(
gps_mod.satellites() == TinyGPS::GPS_INVALID_SATELLITES ? 0 : gps_mod.
satellites());
            print_data(" PREC=");
            print_num_data(
gps_mod.hdop() == TinyGPS::GPS_INVALID_HDOP ? 0 : gps_mod.hdop());

            break_line();
            digitalWrite(13, LOW);
        }
    }

    void print_data(char msg[30]) {
        Serial.print(msg);
        bluetooth.print(msg);
    }

    void print_num_data(float msg, int n) {
        Serial.print(msg, n);
        bluetooth.print(msg, n);
    }
```

```
void print_num_data(int msg) {
    Serial.print(msg);
    bluetooth.print(msg);
}

void break_line() {
    Serial.println("");
    bluetooth.println("");
}
}
```

이 코드를 ch04_04라는 이름으로 파일에 저장한다.

프로그램을 컴파일한 뒤 아두이노 보드에 올리고 나서, 아두이노 보드를 포롤루 주모 로봇 포 아두이노에 장착한다.

컴퓨터의 블루투스 모듈과 HC-06을 연결한다. 방법은 앞에서 본 예제와 같다. 저자의 맥북에서는 HC-06이 /dev/cu.HC-06-DevB라는 이름으로 연결됐다.

이번에는 아두이노 보드에서 보내는 GPS 데이터를 수신할 파이썬 프로그램을 작성한다.

코드는 다음과 같다.

```python
import serial
import sys

serial_hc06 = '/dev/cu.HC-06-DevB'
counter = 0

print('open ', serial_hc06)
hc06 = serial.Serial(serial_hc06, 9600)
print('read data from gps')
while True:
  try:
    c = hc06.read(1)
    if c != '':
      sys.stdout.write(c)
```

```
      sys.stdout.flush()

  except (KeyboardInterrupt, SystemExit):
    hc06.close()
    raise

print('Exit')
```

serial_hc06의 값은 HC-06를 블루투스로 연결할 때 실제로 할당된 이름으로 지정한다.

다 작성했으면 ch04_05.py 파일에 저장한다.

제대로 작동하는지 테스트하기 위해 다음과 같이 명령을 실행하여 프로그램을 구동한다.

$ python ch04_05.py

아두이노 보드가 켜져 있는 지 확인한다.

제대로 설정됐다면, 아두이노가 블루투스를 통해 전달하는 GPS 데이터를 받을 수 있다. 실행 예는 다음과 같다.

```
● ● ●                codes — python ch04_05.py — 80×20
[agusk$ python ch04_05.py
('open ', '/dev/cu.HC-06-DevB')
read data from gps
LAT=-7.288106 LON=108.195365 SAT=10 PREC=87
LAT=-7.288107 LON=108.195365 SAT=11 PREC=74
LAT=-7.288111 LON=108.195373 SAT=11 PREC=74
LAT=-7.288119 LON=108.195365 SAT=11 PREC=74
LAT=-7.288127 LON=108.195365 SAT=11 PREC=74
LAT=-7.288125 LON=108.195358 SAT=11 PREC=74
LAT=-7.288122 LON=108.195358 SAT=11 PREC=74
LAT=-7.288122 LON=108.195358 SAT=11 PREC=74
```

아두이노가 USB를 통해 컴퓨터와 연결되어 있다면, 시리얼 모니터를 통해 다음과 같은 메시지가 표시되는 것을 확인할 수 있다.

예를 들어 예제를 실행하는 동안 시리얼 모니터의 화면에 다음과 같이 메시지가 표시된다.

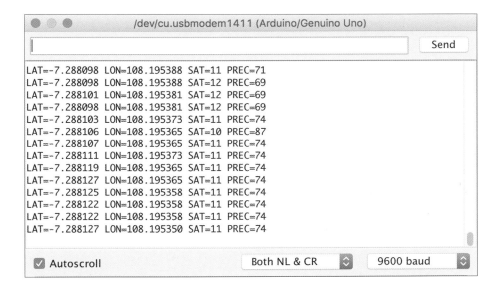

작동 원리

이 프로그램의 구성과 작동 원리는 앞에서 본 블루투스 연결 예제와 비슷하다. 포롤루 주모 로봇에 GPS 모듈 하나를 더 추가했다는 점만 다르다. 위성으로부터 받은 GPS 데이터를 파싱하는 작업은 TinyGPS 라이브러리로 처리했다. 예제 프로그램 중에서 아두이노 프로그램의 앞부분에 GPS 모듈을 포롤루 주모 로봇과 연결하는 디지털 핀 5번과 11번을 정의한다.

```
// D5 >>> Rx, D11 >>> Tx
SoftwareSerialgps(5, 11); // RX, TX
charval;
TinyGPSgps_mod;
```

setup() 함수에서 시리얼 오브젝트와 블루투스 모듈, GPS 모듈을 각각 초기화한다.

```
void setup() {
    Serial.begin(9600);
    pinMode(13, OUTPUT);
    bluetooth.begin(9600);
    Serial.println("Bluetooth On..");
    gps.begin(9600);
    Serial.println("GPS On..");
}
```

3초마다 GPS 모듈로부터 데이터를 읽는다. 이 부분은 loop() 함수에서 처리한다.

```
for (unsigned long start = millis(); millis()-start < 3000;){
    while (gps.available()) {
        char c = gps.read();
        //Serial.println(c);
        if (gps_mod.encode(c))
            newData = true;
    }
}
```

전달 받은 GPS 데이터에 문제가 없다면, TinyGPS 라이브러리로 파싱한다. 그러고 나서 파싱한 데이터를 아두이노 시리얼 포트를 통해 블루투스 모듈로 전달한다.

```
if (newData) {
    float flat, flon;
    unsigned long age;

    digitalWrite(13, HIGH);
    gps_mod.f_get_position(&flat, &flon, &age);

    print_data("LAT=");
    print_num_data( flat == TinyGPS::GPS_INVALID_F_ANGLE ? 0.0 : flat, 6);
    print_data(" LON=");
    print_num_data(flat == TinyGPS::GPS_INVALID_F_ANGLE ? 0.0 : flon, 6);
    print_data(" SAT=");
```

```
    print_num_data(
gps_mod.satellites()==TinyGPS::GPS_INVALID_SATELLITES? 0:
gps_mod.satellites());
print_data(" PREC=");
print_num_data(
gps_mod.hdop() == TinyGPS::GPS_INVALID_HDOP ? 0 : gps_mod.hdop());

break_line();
digitalWrite(13, LOW);
}
```

컴퓨터에서 실행할 파이썬 코드는 가장 먼저 HC-06 블루투스 모듈에 페어링된 시리얼 포트를 연다.

```
serial_hc06 = '/dev/cu.HC-06-DevB'
counter = 0

print('open ', serial_hc06)
hc06 = serial.Serial(serial_hc06, 9600)
```

정상적으로 열렸다면, 블루투스로부터 메시지가 전달되기를 기다린다. 데이터가 전달되면, 터미널에 표시한다.

```
c = hc06.read(1)
if c != '':
sys.stdout.write(c)
sys.stdout.flush()
```

맵 엔진 플랫폼

지도를 활용하면 GPS 데이터로 전달된 위도와 경도 좌표를 시각적으로 표시할 수 있다. 지도에 위도와 경도 좌표만 입력하면, 알아내려는 물체의 위치를 정확히 확인할 수 있다.

GPS 데이터를 시각적으로 표시할 때 활용할 지도는 마음에 드는 것으로 선택한다. 이 절에서는 유명한 맵 엔진 플랫폼인 구글 맵스 API를 활용한다. 이 라이브러리는 GPS 데이터를 지도에 표시하기 위해 예제에서 사용하는 프로그래밍 모델에 필요한 여러 가지 옵션을 제공한다. 구글 맵스 API에 대한 자세한 사항은 공식 웹사이트 (https://developers.google.com/maps)를 참조하기 바란다.

구글 맵스 API는 파이썬 프로그램에서 사용한다. 웹 프레임워크로는 플래스크^{Flask} 라이브러리를 사용한다. 플래스크 라이브러리에 대한 자세한 사항은 http://flask.pocoo.org를 참조하기 바란다.

플래스크 라이브러리는 다음과 같이 pip 명령으로 컴퓨터나 라즈베리 파이에 설치한다.

```
$ pip install Flask
```

설치를 위해 관리자 권한이 필요하다면 명령 앞에 sudo를 붙인다. 윈도우 플랫폼에서 실행할 때는 관리자 권한을 가진 사용자 계정으로 명령 프롬프트^{Command Prompt}를 실행한다.

간단한 플래스크 앱(gpsapp.py)을 작성하기 위해 다음과 같이 명령을 실행하여 편집기를 띄운다.

```
$ mkdir gps_web
$ cd gps_web
$ nano gpsapp.py
```

다음과 같이 코드를 작성한 뒤 gpsapp.py 파일에 저장한다.

```
from flask import Flask
from flask import render_template
from flask import jsonify

app = Flask(__name__)

@app.route('/hello')
def hello_world():
return 'Hello, World!'
```

그리고 다음과 같이 명령을 실행하여 프로그램을 구동한다.

```
$ export FLASK_APP=gpsapp.py
$ python -m flask run
```

이 프로그램은 디폴트 포트인 5000을 사용한다. 브라우저를 띄우고 주소창에 http://localhost:5000/hello를 입력한다. 그러면 브라우저 화면에 Hello, World!라고 표시된다.

실행 화면은 다음과 같다.

프로그램을 구동한 터미널 창을 보면, 브라우저가 보낸 요청 메시지를 볼 수 있다. 저자가 예제를 실행할 때는 아래와 같이 나타났다.

```
[agusk$ python3 -m flask run
 * Serving Flask app "gpsapp"
 * Running on http://127.0.0.1:5000/ (Press CTRL+C to quit)
127.0.0.1 - - [06/Jul/2016 20:50:41] "GET /tracking HTTP/1.1" 200 -
127.0.0.1 - - [06/Jul/2016 20:50:42] "GET / HTTP/1.1" 200 -
127.0.0.1 - - [06/Jul/2016 20:50:42] "GET /hello HTTP/1.1" 200 -
127.0.0.1 - - [06/Jul/2016 20:50:43] "GET /hello HTTP/1.1" 200 -
```

작동 원리

예제 프로그램인 gpsapp.py 파일은, 요청한 이에게 Hello World!라는 응답 메시지를 보내도록 /hello라는 경로를 정의한다.

```
@app.route('/hello')
def hello_world():
return 'Hello, World!'
```

그리고 gpsapp.py 코드를 구글 맵과 통합하도록 설정한다. 이를 위해 프로그램 폴더에 템플릿 폴더를 만들고, index.html 파일을 생성한다. index.html 파일은 다음과 같이 작성한다.

```
<!doctype html>
<html lang="en">
<head>
<title>Google Maps Demo</title>
<meta name="viewport" content="initial-scale=1.0, user-scalable=no" />
<script src="http://maps.google.com/maps/api/js?sensor=false"></script>
<script>
var map;
function initialize() {
```

```
var myCenter = new google.maps.LatLng(52.524343, 13.412751);
map = new google.maps.Map(
document.getElementById('map'), {
        zoom: 5,
        center: myCenter,
        mapTypeId: google.maps.MapTypeId.ROADMAP
    });

var marker=new google.maps.Marker({
    position:myCenter
});

marker.setMap(map);
}
</script>
<style>
body {font-family: sans-serif}
#map {width: 640px; height: 480px}
</style>
</head>
<body onload='initialize()'>
<div id=map></div>
</body>
</html>
```

자바 스크립트 코드로 구글 맵스 API를 불러온 뒤, google.maps.Map이란 오브젝트를 생성한다. 이 오브젝트에게 (52.524343, 13.412751과 같은) 위도와 경도 좌표를 전달한다. 좌표는 원하는 값으로 얼마든지 변경할 수 있다.

또한 이렇게 지정한 위도와 경도 좌표를 표시하도록 google.maps.Marker란 오브젝트도 생성한다.

마지막으로 이 기능에 대한 경로를 gpsapp.py 파일에 추가한다. 완성된 코드는 다음과 같다.

```
from flask import Flask
from flask import render_template
```

```
from flask import jsonify

app = Flask(__name__)

@app.route('/hello')
def hello_world():
return 'Hello, World!'

@app.route('/')
def index(name=None):
return render_template('index.html', name=name)
```

이제 터미널 창에서 gpsapp.py 파일을 다시 실행한 뒤, 브라우저를 띄우고 주소창에 `http://localhost:5000/hello`를 입력한다. 이 때 브라우저를 실행하는 컴퓨터는 인터넷에 연결되어 있어야 한다. 그래야 index.html 파일에서 구글 맵스 API를 호출할 수 있다.

완성된 예제 프로그램을 실행한 결과는 다음과 같다.

자동차용 GPS 만들기

앞 절에서는 파이썬 프로그램에서 플래스크 라이브러리를 이용하여 구글 맵스 API
를 호출하는 방법에 대해 살펴봤다. 이번에는 앞에서 작성한 포롤루 주모 로봇에서
GPS 데이터를 읽을 수 있도록 앞에서 작성한 프로그램과 합쳐 보자.

아두이노를 통해 GPS 데이터를 읽은 후에, 웹 서버(플래스크 프레임워크)로 보내도록
만들어 보자.

먼저 GPS 데이터를 읽도록 gpsapp.py 파일을 수정한다. GPS 모듈에서 직접 읽어
도 되고, 컴퓨터의 미들웨어 앱을 통해 읽을 수도 있다.

이번에는 /gps라는 경로를 새로 추가한다. 이 경로를 통해 get_gps_data() 함수
를 실행한다. 예제에서는 이 함수 안에 GPS 값을 박아 넣어둘 것이다. 이 함수의 기
본 기능은 GPS 모듈로부터 lat_val과 long_val 값을 가져오는 것이다. get_gps_
data() 함수는 JSON 포맷으로 결과를 반환한다. 여기서 만들 gpsapp.py 프로그램
은 일종의 REST 서버인 셈이다.

완성된 gpsapp.py 파일은 다음과 같다.

```
from flask import Flask
from flask import render_template
from flask import jsonify

app = Flask(__name__)

@app.route('/hello')
def hello_world():
return 'Hello, World!'

@app.route('/')
def index(name=None):
return render_template('index.html', name=name)

@app.route('/tracking')
def tracking(name=None):
```

```
return render_template('tracking.html', name=name)

@app.route('/gps', methods=['GET']))
def get_gps_data():

    # GSM이나 WiFi, 블루투스 등과 같은 무선 모듈을 통해 로봇으로부터 데이터를 가져온다.
    lat_val = 52.524343
    long_val = 13.412751

    return jsonify(lat=lat_val, long=long_val)
```

이 코드를 저장한다.

이제 HTML 파일을 작성한다. templates 폴더 안에 tracking.html 파일을 새로 생성한다.

tracking.html 파일은 index.html 파일과 비슷한 방식으로 작동하지만, 위도와 경도 값을 서버에서 가져온다는 점이 다르다. 서버에서 데이터를 가져오는 부분은 jQuery로 구현한다. `setInterval()`가 REST 서버를 5초 간격으로 호출하도록 타이머를 설정한다.

```
<!doctype html>
<html lang="en">
<head>
<title>Robot Tracking Demo</title>
<meta name="viewport" content="initial-scale=1.0, user-scalable=no" />
<script src="http://ajax.googleapis.com/ajax/libs/jquery/1.12.4/jquery.min.js"
></script>
<script src="http://maps.google.com/maps/api/js?sensor=false"></script>
<style>
body {font-family: sans-serif}
#map {width: 640px; height: 480px}
</style>
</head>
<body onload='initialize()'>
<div id=map></div>
```

```
<script>
var map;
var isLoading = false;

function load_maps(lat, long) {
var myCenter = new google.maps.LatLng(lat, long);
map = new google.maps.Map( document.getElementById('map'), {
        zoom: 5,
        center: myCenter,
        mapTypeId: google.maps.MapTypeId.ROADMAP
    });

var marker=new google.maps.Marker({position:myCenter});
marker.setMap(map);
isLoading = false;
}

setInterval(function(){
    if(!isLoading){
        isLoading = true;
        $.getJSON("/gps", function(result){
            load_maps(result.lat, result.long);
        });
    }, 5000);
</script>
</body>
</html>
```

이 코드를 작성한 뒤 파일을 저장한다.

그러고 나서 프로그램을 다시 실행한 뒤, 브라우저를 띄우고 주소창에 http://localhost:5000/tracking을 입력한다. 그러면 주석과 위치가 완전히 표시된 지도가 나타날 것이다. 이 페이지는 5초마다 새로 고침된다.

이제 로봇의 위치를 브라우저에서 추적할 수 있다. 웹사이트에서 로봇을 움직이는 기능도 한 번 만들어 보기 바란다.

나만의 자율 주행 자동차 만들기

지금까지 자율 주행 자동차 제작에 필요한 기능을 살펴봤다. 이제 자신이 원하는 형태로 자율 주행 자동차를 만들 수 있을 것이다. 가령 로봇 청소기처럼 특정한 작업을 알아서 움직이며 수행하는 로봇도 만들어 볼 수 있다. 초음파 센서를 달아서 장애물도 피하게 할 수도 있다.

로봇 청소기를 만들 때 가장 힘든 부분은 모든 영역을 빠짐없이 청소하도록 이동 경로를 계산하는 알고리즘을 만드는 것이다. 로봇 청소기는 지도를 갖고 있지 않기 때문에 이동 경로를 알아내기가 쉽지 않다. 청소한 영역을 모두 마이크로SD 카드 모듈에 저장하게 할 수도 있다. 반자율 주행 방식으로 만든다면, 로봇이 청소할 경로를 알려주는 미들웨어를 활용한다.

아이로봇^{iRobot}에서 제작한 룸바^{Roomba} 예제를 한 번 살펴 보자(http://www.irobot.com/For-the-Home/Vacuuming/Roomba.aspx). 룸바 로봇에서 사용하는 청소 경로 알고리즘을 그림으로 표현하면 다음과 같다.

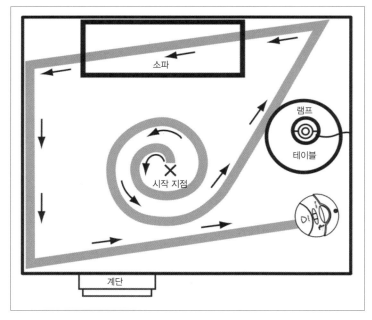

출처: https://www.irobot.com/

로봇 청소기를 만드는 방법에 대한 자세한 사항은 참고 문헌의 4, 5, 6번 논문을 읽어 보기 바란다.

이 장에서 소개한 예제 로봇을 바탕으로 센서와 액추에이터를 적절히 추가하여 여러분이 상상하는 자율 로봇을 마음껏 만들어 보기 바란다.

요약

이 장에서는 자율 로봇을 만들기 위한 기본적인 테크닉을 몇 가지 살펴봤다. 또한 직접 로봇을 만들어 보기 위해 활용할 만한 로봇 플랫폼으로 어떤 것들이 나와 있는 지도 간단히 살펴 봤다. 이 장에서는 여러 플랫폼 중에서도 포롤루 주모 포 아두이노를 이용하여 예제 프로그램을 직접 만들었다. 로봇이 현재 위치를 알아내어 방향을 찾아 나갈 수 있도록 GPS 모듈을 추가하기도 했다. 마지막 예제에서는 구글 맵스 API에서 제공하는 맵 엔진을 이용하여 로봇의 위치를 추적하는 기능도 만들어 봤다.

다음 장에서는 스마트 IoT 장치에 음성 인식 기능을 추가하는 방법에 대해 알아보자.

참고 문헌

이 장에서 다룬 주제에 대해 좀 더 알고 싶다면, 아래에 나온 논문과 책, 웹사이트를 참조한다.

1. Meystel, A.: Intelligent Control: A Sketch of the Theory, 1. Intelligent and Robotic Systems, Vol. 2, 1989, pp. 97-107.

2. Autonomous Robotic Systems. Lecture Notes in Control and Information Sciences, Springer, 1998.

3. Advances in Intelligent Autonomous System. International Series on MICROPROCESSOR-BASED AND INTELLIGENT SYSTEMS ENGINEERING, Vol. 18, Springer Science + Business Media Dordrecht, 1999.

4. K. M. Hasan, Abdullah-Al-Nahid and K. J. Reza, Path planning algorithm development for autonomous vacuum cleaner robots, Informatics, Electronics & Vision (ICIEV), 2014 International Conference on, Dhaka, 2014, pp. 1 – 6.

5. Sewan Kim, Autonomous cleaning robot: Roboking system integration and overview, Robotics and Automation, 2004. Proceedings, ICRA '04.2004 IEEE International Conference on, 2004, pp. 4437-41 Vol. 5.

6. Ryo Kurazume, Shigeo Hirose, Development of a Cleaning Robot System with Cooperative Positioning System in Autonomous Robots (2000) Volume 9, Issue: 3, Springer, pp. 237 – 46.

7. Flask,http://flask.pocoo.org.

8. Google Maps API, https://developers.google.com/maps.

5

음성 기술

이 장에서는 말하는 IoT 보드를 만드는 방법에 대해 알아보자. 이를 위해 다양한 사운드 및 음성 모듈을 이용하는 방법에 대해 살펴본다.

이 장에서 다루는 주제는 다음과 같다.

- 음성 기술의 개요
- 사운드 센서와 엑추에이터의 개요
- 음성speech 기술을 위한 패턴 인식의 개요
- 음성 및 사운드 모듈 검토
- IoT 장치를 위한 나만의 음성 명령voice commands 만들기
- 말하는 IoT 보드 만들기
- 말하는 라즈베리 파이 만들기

음성 기술의 개요

음성speech은 사람끼리 의사 소통을 하기 위한 가장 기본적인 수단이다. 음성 기술은 음성 인식speech recognition 연구를 중심으로 발전했다. 컴퓨터와 같은 기계가 사람이 하는 말을 이해할 수 있을 뿐만 아니라, 여러 사람의 음성을 서로 구별할 수 있도록 음성 모델을 만들 수도 있다.

음성 기술speech technology은 음성 신호를 텍스트로 변환하는speech-to-text 음성 인식speech recognition과 텍스트를 음성 신호로 변환하는text-to-speech 음성 합성speech synthesis 기술로 구성된다. 최근 연구 결과에 따르면 영어, 독일어, 중국어, 프랑스어와 같은 몇몇 언어에 대한 음성 모델은 어느 정도 안정적으로 정립된 상태다.

음성 연구 분야를 그림으로 표현하면 다음과 같다.

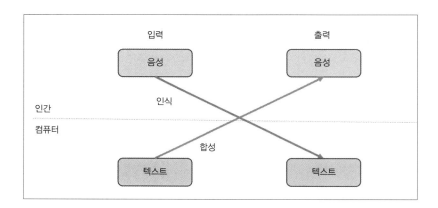

음성을 텍스트로 변환하려면 음성 인식 기술이 필요하고, 텍스트를 음성으로 생성하려면 음성 합성에 대해 알아야 한다. 이 책에서는 음성 인식과 음성 합성에 대한 복잡한 수식과 통계 기법에 대해 다루지 않는다. 자세히 알고 싶은 독자는 관련 서적을 참고하기 바란다.

이 장에서는 IoT 플랫폼 환경에서 사운드와 음성을 처리하는 방법에 대해 배운다.

사운드 센서와 엑추에이터의 개요

사람이나 동물과 같은 생명체나 자동차 등의 사물은 다양한 소리^{sound}를 발생시킨다. 이러한 물리적인 음원^{sound source}을 컴퓨터로 처리하려면 디지털 형식으로 변환해야 한다. 사운드 센서^{sound sensor}(소리 감지 센서)가 물리적인 음원을 수집하여 이 작업을 수행한다. 대표적인 사운드 센서로 마이크(마이크로폰^{microphone})가 있다. 마이크를 이용하면 모든 종류의 소리를 수집할 수 있다.

아두이노나 라즈베리 파이와 같은 IoT 보드에 연결할 수 있는 마이크 모듈은 다양하다. 그 중 하나로 일렉트렛 마이크로폰 브레이크아웃^{Electret Microphone Breakout}(https://www.sparkfun.com/products/12758)이란 제품이 있다. 이 모듈은 다음 그림에서 보는 바와 같이 3개의 핀(AUD, GND, VCC)을 제공한다.

액추에이터를 사용하면 소리를 낼 수도 있다. 간단한 사운드 액추에이터로 버저 buzzer가 있다. 이 부품은 제한된 주파수 범위 내에서 간단한 사운드를 생성할 수 있다. 아날로그 출력 핀이나 PWM 핀에 신호를 보내면 된다. 일부 제조업체는 버저를 브레이크 아웃 모듈 형태로 제공한다. 버저 액추에이터 형태는 다음 그림과 같다.

버저는 대부분 수동형(패시브passive 방식) 액추에이터다. 능동형(액티브active 방식) 사운드 액추에이터로 작업하고 싶다면 스피커를 사용한다. 버저는 동네 상점이나 온라인 쇼핑몰에서 쉽게 구할 수 있다. 저자는 다음 그림에 나온 제품을 스파크 펀 (https://www.sparkfun.com/products/11089)에서 구매했다.

사운드 센서 및 액추에이터를 사용법을 구체적으로 살펴보기 위해, 소리의 세기를 감지하는 방식으로 음원을 수집하는 예제를 만들어 보자.

예제는 소리의 세기를 측정하기 위한 사운드 센서로 일렉트렛 마이크로폰을 사용한다. 이 센서가 감지할 만큼 충분히 큰 소리를 내면, 목소리, 박수 치는 소리, 노크와 같은 음원을 감지할 수 있다. 이 센서는 아날로그 값을 출력한다. 따라서 이 값을 MCU에서 처리하려면 아날로그-디지털 변환기ADC, Analog-to-Digital Converter로 센서 출력을 디지털 신호로 변환해야 한다.

예제를 구성하는데 필요한 부품은 다음과 같다.

- 아두이노 보드
- 330 옴Ohm 저항
- 일렉트렛 마이크로폰 브레이크아웃(https://www.sparkfun.com/products/12758)
- 10 세그먼트 LED 막대 그래프10 Segment LED Bar Graph – 빨강(https://www.sparkfun.com/products/9935). 다른 색을 사용해도 상관없다.

스파크펀 제품 대신, 에이다프루트Adafruit 사의 일렉트렛 마이크로폰 브레이크아웃(https://www.adafruit.com/product/1063)을 장착해도 된다.

예제의 회로는 다음과 같이 연결한다.

- 일렉트렛 마이크로폰의 AUD 핀을 아두이노의 A0 핀에 연결한다.
- 일렉트렛 마이크로폰의 GND 핀을 아두이노의 GND 핀에 연결한다.
- 일렉트렛 마이크로폰의 VCC 핀을 아두이노의 3.3V 핀에 연결한다.
- 10 세그먼트 LED 막대 그래프 핀을 이미 330 옴 저항에 연결된 아두이노 디지털 핀(3, 4, 5, 6, 7, 8, 9, 10, 11, 12)에 연결한다.

완성된 모습은 다음과 같다.

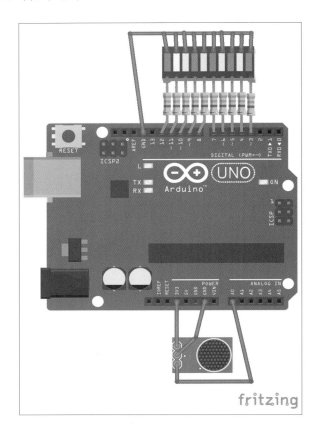

측정한 소리의 크기는 10 세그먼트 막대 그래프 모듈로 표현한다. 아두이노에서는
외부 센서로 입력 받은 아날로그 값을 읽을 때 analogRead() 함수를 사용한다. 이
함수는 0과 1023 사이의 값을 반환한다.

일렉트렛 마이크로폰 브레이크아웃의 VCC를 아두이노의 3.3V 핀에 연결했기 때문
에, 총 출력 전압은 3.3V다. 10 세그먼트 막대 그래프 모듈의 각 세그먼트의 전압은
3.3/10 = 0.33 볼트로 설정한다. LED 막대의 첫 번째 세그먼트는 아두이노의 디지
털 핀 3번에 연결한다.

이제 스케치를 이용하여 측정한 소리의 크기를 10 세그먼트 막대 그래프로 변환하는 코드를 작성해 보자.

측정한 소리의 크기를 가져오기 위해 아날로그 입력 핀에 들어온 값을 읽는다. 이 값은 일정한 시간(샘플 윈도우 시간$^{sample\ window\ time}$) 단위(예: 250 ms)로 읽는다. 이 시간 동안 아날로그 입력의 최대 값$^{peak/maximum\ value}$을 얻을 수 있다. 이렇게 알아낸 최대 값을 소리의 크기로 설정한다.

이제 코딩을 시작해 보자. 아두이노 IDE를 열고 다음과 같이 스케치 프로그램을 작성한다.

```
// 샘플 윈도우 시간 설정(250 mS = 4Hz)
const int sampleWindow = 250;
unsigned int sound;
int led = 13;

void setup()
{
  Serial.begin(9600);
  pinMode(led, OUTPUT);

  pinMode(3, OUTPUT);
  pinMode(4, OUTPUT);
  pinMode(5, OUTPUT);
  pinMode(6, OUTPUT);
  pinMode(7, OUTPUT);
  pinMode(8, OUTPUT);
  pinMode(9, OUTPUT);
  pinMode(10, OUTPUT);
  pinMode(11, OUTPUT);
  pinMode(12, OUTPUT);
}

void loop()
{
  unsigned long start= millis();
  unsigned int peakToPeak = 0;
```

```
  unsigned int signalMax = 0;
  unsigned int signalMin = 1024;

  // 샘플 윈도우 시간(250 mS) 동안 데이터 수집
  while (millis() - start < sampleWindow)
  {
    sound = analogRead(0);
    if (sound < 1024)
    {
    if (sound > signalMax)
    {
      signalMax = sound;
    }
    else if (sound < signalMin)
    {
      signalMin = sound;
    }
   }
  }
  peakToPeak = signalMax - signalMin;
  double volts = (peakToPeak * 3.3) / 1024;

  Serial.println(volts);
  display_bar_led(volts);
}

void display_bar_led(double volts)
{
  display_bar_led_off();

  int index = round(volts/0.33);
  switch(index){
    case 1:
      digitalWrite(3, HIGH);
      Break;
    case 2:
      digitalWrite(3, HIGH);
      digitalWrite(3, HIGH);
```

```
      break;
  case 3:
    digitalWrite(3, HIGH);
    digitalWrite(4, HIGH);
    digitalWrite(5, HIGH);
    break;
  case 4:
    digitalWrite(3, HIGH);
    digitalWrite(4, HIGH);
    digitalWrite(5, HIGH);
    digitalWrite(6, HIGH);
    Break;
  case 5:
    digitalWrite(3, HIGH);
    digitalWrite(4, HIGH);
    digitalWrite(5, HIGH);
    digitalWrite(6, HIGH);
    digitalWrite(7, HIGH);
    Break;
  case 6:
    digitalWrite(3, HIGH);
    digitalWrite(4, HIGH);
    digitalWrite(5, HIGH);
    digitalWrite(6, HIGH);
    digitalWrite(7, HIGH);
    digitalWrite(8, HIGH);
    Break;
  case 7:
    digitalWrite(3, HIGH);
    digitalWrite(4, HIGH);
    digitalWrite(5, HIGH);
    digitalWrite(6, HIGH);
    digitalWrite(7, HIGH);
    digitalWrite(8, HIGH);
    digitalWrite(9, HIGH);
    Break;
  case 8:
    digitalWrite(3, HIGH);
```

```
        digitalWrite(4, HIGH);
        digitalWrite(5, HIGH);
        digitalWrite(6, HIGH);
        digitalWrite(7, HIGH);
        digitalWrite(8, HIGH);
        digitalWrite(9, HIGH);
        digitalWrite(10, HIGH);
        Break;
      case 9:
        digitalWrite(3, HIGH);
        digitalWrite(4, HIGH);
        digitalWrite(5, HIGH);
        digitalWrite(6, HIGH);
        digitalWrite(7, HIGH);
        digitalWrite(8, HIGH);
        digitalWrite(9, HIGH);
        digitalWrite(10, HIGH);
        digitalWrite(11, HIGH);
        Break;
      case 10:
        digitalWrite(3, HIGH);
        digitalWrite(4, HIGH);
        digitalWrite(5, HIGH);
        digitalWrite(6, HIGH);
        digitalWrite(7, HIGH);
        digitalWrite(8, HIGH);
        digitalWrite(9, HIGH);
        digitalWrite(10, HIGH);
        digitalWrite(11, HIGH);
        digitalWrite(12, HIGH);
        Break;
    }
}

void display_bar_led_off()
{
  digitalWrite(3, LOW);
  digitalWrite(4, LOW);
```

```
  digitalWrite(5, LOW);
  digitalWrite(6, LOW);
  digitalWrite(7, LOW);
  digitalWrite(8, LOW);
  digitalWrite(9, LOW);
  digitalWrite(10, LOW);
  digitalWrite(11, LOW);
  digitalWrite(12, LOW);
}
```

위 스케치 프로그램을 ch05_01이라는 이름으로 저장해서 컴파일한 후에 아두이노 보드에 올린다.

프로그램을 올렸다면 **시리얼 플로터**^Serial Plotter 도구를 실행하고, 전송 속도를 9600 보^baud로 설정한다. 시리얼 플로터 도구는 메뉴의 **툴 > 시리얼 플로터**에서 실행할 수 있다.

이제 사운드 센서 앞에서 소리를 내 보자. 그러면 다음과 같이 시리얼 플로터 도구에 측정한 값이 표시된다.

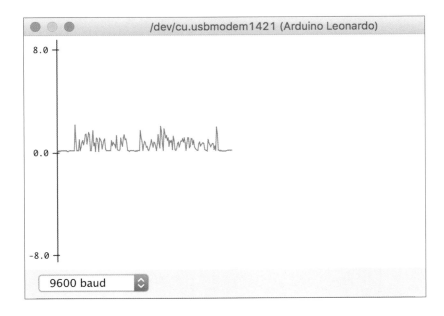

작동 원리

소리의 크기를 측정하는 원리는 단순하다. 측정한 소리 신호 중에서 최대값을 구하기만 하면 된다. 이를 위해 먼저 샘플 윈도우 시간을 설정한다. 예를 들어 4Hz 단위로 측정한다면 250ms로 지정한다.

```
// 샘플 윈도우 시간 설정
const int sampleWindow = 250;
unsigned int sound;

int led = 13;
```

setup() 함수에서 시리얼 포트와 10 세그먼트 막대 그래프를 초기화한다.

```
void setup()
{
  Serial.begin(9600);
  pinMode(led, OUTPUT);
  pinMode(3, OUTPUT);
  pinMode(4, OUTPUT);
  pinMode(5, OUTPUT);
  pinMode(6, OUTPUT);
  pinMode(7, OUTPUT);
  pinMode(8, OUTPUT);
  pinMode(9, OUTPUT);
  pinMode(10, OUTPUT);
  pinMode(11, OUTPUT);
  pinMode(12, OUTPUT);
}
```

loop() 함수에서 샘플 윈도우 시간 동안 측정한 소리의 최대값을 계산한 뒤, 결과를 전압으로 변환한다.

```
unsigned long start= millis();
unsigned int peakToPeak = 0;

unsigned int signalMax = 0;
```

```
unsigned int signalMin = 1024;

// 샘플 윈도우 시간(250 mS) 동안 데이터 수집
while (millis() - start < sampleWindow)
{
  sound = analogRead(0);
  if (sound < 1024)
  {
    if (sound > signalMax)
    {
      signalMax = sound;
    }
    else if (sound < signalMin)
    {
      signalMin = sound;
    }
  }
}
peakToPeak = signalMax - signalMin;

double volts = (peakToPeak * 3.3) / 1024;
```

그리고 display_bar_led()를 호출하여 시리얼 포트와 10 세그먼트 LED에 소리의 크기를 표시한다.

```
Serial.println(volts);

display_bar_led(volts);
```

display_bar_led()는 먼저 display_bar_led_off() 함수를 호출하여 LED를 초기화한다. display_bar_led_off()는 모든 세그먼트에 LOW 신호를 보내 (digitalWrite(x, LOW)) LED를 모두 끈다. 그리고 나서 전압의 범위를 계산한 뒤, 그 결과를 LED에 표시한다.

```
display_bar_led_off();
int index = round(volts/0.33);
```

음성 인식 기술을 위한 패턴 인식의 개요

패턴 인식pattern recognition은 머신 러닝의 한 분야로 음성 인식에서 널리 사용되는 기술이다. 음성 인식 시스템의 구조를 개략적으로 표현하면 다음과 같다.

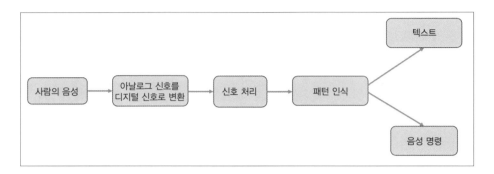

음성을 인식하기 위해서는 사람의 목소리를 디지털 형태로 변환해야 한다. 이렇게 변환한 신호를 이산 데이터discrete data라 한다. 그리고 이 값을 신호 처리하는 과정에서 노이즈 제거와 같은 전처리 작업을 수행하기도 한다.

이어지는 패턴 인식 단계에서는 음성 인식 기법을 수행한다. 음성 신호에서 단어를 추출하기 위해 **은닉/히든 마코프 모델**HMM, Hidden Markov Model을 비롯한 다양한 방법이 연구되어 왔다. 패턴을 인식하기 위해서는 특징을 추출하는 작업을 수행해야 한다. 추출된 특징은 패턴 인식의 입력 값으로 사용한다.

패턴 인식을 거쳐 나온 결과는 음성 명령으로 IoT 장치를 조작하거나, STTSpeech-to-Text를 이용해 텍스트로 표현할 수 있다.

음성 및 사운드 모듈

이 절에서는 MCU 보드에서 사용할 수 있는 다양한 음성 및 사운드 모듈을 살펴본다. 음성과 사운드 처리 기능을 제공하는 모듈은 시중에 많이 나와 있다. 자신의 목적에 적합한 모듈을 선택하여 적용하면 된다.

음성 및 사운드 모듈 중 하나로 VeeaR사의 EasyVR 3이 있다. 이 모듈에 대한 자세한 사항은 http://www.veear.eu/introducing-easyvr-3-easyvr-shield-3/을 참조한다. 이 모듈은 영어(미국), 이탈리아어, 독일어, 프랑스어, 스페인어 및 일본어를 비롯한 다양한 언어를 지원한다.

EasyVR 3 모듈은 다음 그림처럼 생겼다.

EasyVR 3은 아두이노 쉴드^{Arduino shield} 형태로도 제공된다. EasyVR 쉴드 3를 구매하면 EasyVR 보드와 아두이노 쉴드가 함께 받을 수 있다. 다음 그림은 EasyVR 쉴드 3를 보여주고 있다.

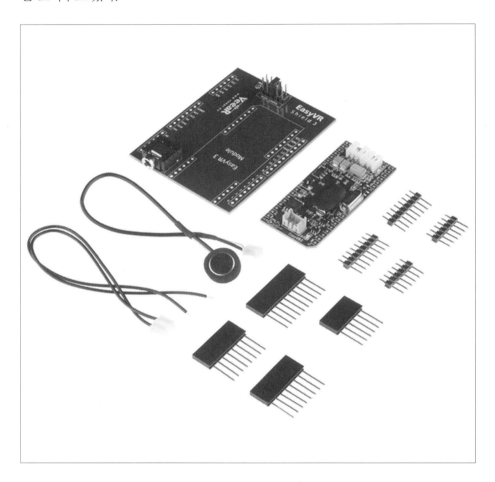

또 다른 모듈로 Emic 2가 있다. 이 제품은 음성 합성에 대해 전혀 모르더라도 쉽게 쓸 수 있도록 패럴랙스Parallax와 그랜드 아이디어 스튜디오Grand Idea Studio(http://www. grandideastudio.com/)가 공동으로 제작한 모듈이다. 이 모듈을 이용하면 시리얼 프로토콜을 통해 텍스트를 음성으로 변환할 수 있다. 이 모듈에 대한 자세한 사항은 https://www.parallax.com/product/30016을 참조한다. 다음 그림은 Emic 2 모듈이다.

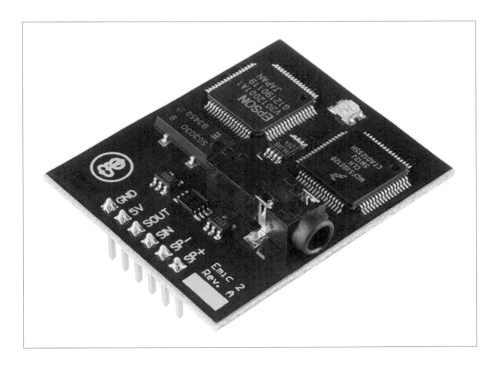

IoT 장치를 위한 나만의 음성 명령기 만들기

음성으로 전등을 켜거나 끌 수 있다면 여러모로 유용할 것이다. 이 절에서는 아두이노를 이용하여 간단한 음성 명령기^{voice commander}를 만들어 본다. 음성 인식 모듈은 앞에서 소개한 EasyVR 3 쉴드를 사용한다.

음성 명령으로 LED를 켜거나 끄는 기능을 아두이노에 구현해 보자. LED 대신 릴레이 모듈과 전등을 사용해도 된다. 일부 EasyVR 도구는 윈도우즈 플랫폼에서만 실행되기 때문에 윈도우즈 OS에서 작업한다. 저자는 아두이노 우노 R3 보드로 구현했다.

이제 본격적으로 만들어 보자.

EasyVR 쉴드 3 설정하기

EasyVR 쉴드 3를 본격적으로 사용하기 전에 몇 가지 소프트웨어와 라이브러리를 설치해야 한다.

우선, https://github.com/RoboTech-srl/EasyVR-Arduino/releases에서 아두이노용 EasyVR 라이브러리를 다운로드한다. 다운로드한 파일은 아두이노 라이브러리 폴더에 저장한다. **스케치**^{Sketch} ➤ **Include Library** ➤ **Add .ZIP Library** 메뉴에서 **EasyVR 라이브러리 ZIP 파일**을 선택하면 라이브러리를 추가할 수 있다.

다음으로 http://www.veear.eu/downloads/에서 EasyVR 커맨더 도구^{Commander tools}를 다운로드해서 설치한다. 그러면 몇 가지 도구도 함께 설치된다. 이러한 도구로 EasyVR 모듈 환경을 설정한다. 구체적인 설정 방법은 다음 장에서 설명한다.

이제 EasyVR 쉴드 3를 아두이노 보드에 납땜하여 장착한다. 저자는 아두이노 우노 R3를 사용했다.

EasyVR 쉴드 3는 다음과 같이 구성되어 있다.

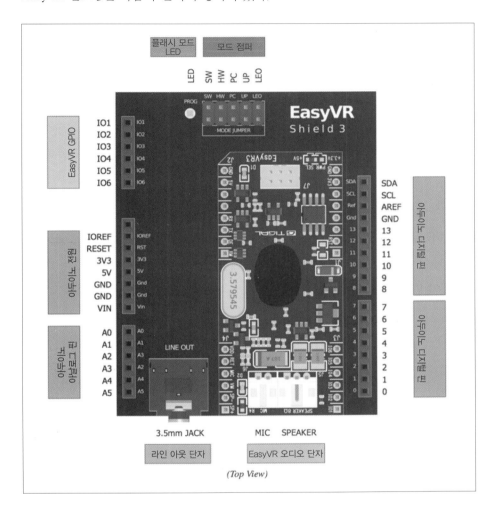

(Top View)

EasyVR 모듈을 사용하려면 모드 점퍼 중에서 PC를 켠다. 그리고 나서 EasyVR 쉴드를 장착한 아두이노를 USB로 컴퓨터에 연결한다. 그러면 컴퓨터가 아두이노 보드를 인식할 것이다. 제대로 인식됐는지 확인하려면 윈도우 장치 관리자의 포트(COM & LPT) 항목을 보면 된다.

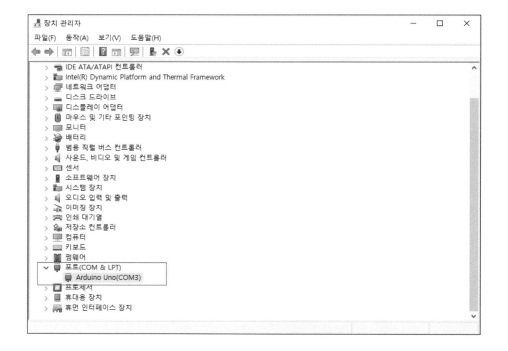

이제 EasyVR 커맨더 도구를 실행한 뒤, 아두이노가 연결된 시리얼 포트를 선택한다. 다음 그림은 EasyVR 모듈이 연결된 모습을 보여주고 있다.

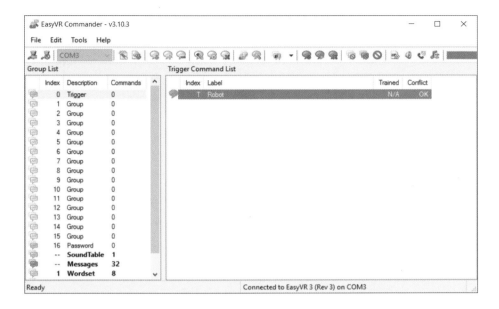

0부터 16까지 음성 명령에 대한 인덱스가 표시된 것을 볼 수 있다. 그 중 0번과 16번은 각각 트리거^{Trigger}와 비밀번호^{password}로 설정되어 있다. 이제 아두이노가 음성 명령을 이해하게 만들기 위해 EasyVR 커맨더 도구를 사용하는 방법을 살펴보자.

음성 명령기 만들기

EasyVR 커맨더 도구를 이용하여 다음과 같이 음성 명령 모델을 정의한다.

* ARDUINO는 프로그램을 시작한다.
* MYPASS는 암호를 확인한다.
* LAMP_ON은 LED를 켠다.
* LAMP_OFF는 LED를 끈다.
* LOGOUT은 로그아웃한다.

이러한 음성 명령의 작동 과정을 상태 기계$^{state\ machine}$로 표현하면 다음과 같다.

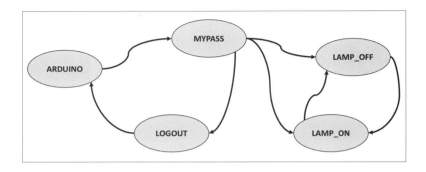

아두이노는 ARDUINO 명령을 입력 받으면 음성 명령을 인식하여 처리할 준비를 한다. 그리고 사용자가 MYPASS 명령을 통해 암호를 입력하기를 기다린다. 정확한 암호를 제시했다면, LAMP_ON이나 LAMP_OFF 명령으로 전등을 켜거나 끌 수 있다. 그만하려면 LOGOUT 명령으로 로그아웃한다.

작동 원리

EasyVR 커맨더 도구에 아두이노를 연결하면 다음 그림처럼 표시된다. (이 때 **모드 점퍼**의 PC가 반드시 켜져 있어야 한다.)

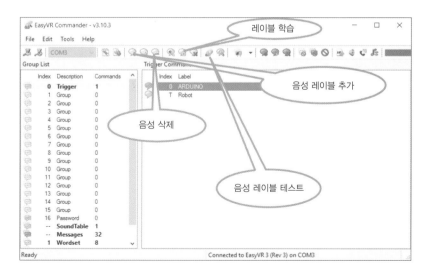

가장 먼저 ARDUINO 음성 명령을 정의한다. Group List 창에서 group 0 (Trigger)을 선택하고, **Add Voice Label**(음성 레이블 추가) 아이콘을 클릭한다(위 그림 참조). 그리고 레이블 이름을 ARDUNIO로 설정한다.

그러고 나서 정의한 음성 명령을 학습시키고 테스트한다. ARDUINO 레이블을 선택하고 **Training Label**(레이블 학습) 아이콘을 클릭한다. 그러면 다음과 같은 다이얼로그 창이 나타난다.

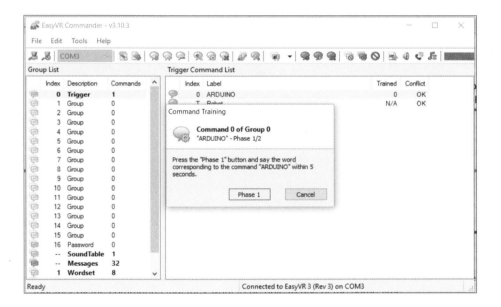

학습은 두 번 진행한다. 먼저 **Phase 1** 버튼을 클릭한 뒤 '아두이노'라고 말한다. 그러면 음성이 녹음된다. 이 작업을 한 번 더 진행한다.

이제 제대로 학습이 됐는지 테스트해 보자. EasyVR 음성 명령은 선택한 그룹에 등록된 음성 명령만 인식할 수 있다. 앞에서 녹음한 음성 명령을 테스트하기 위해 **Trigger**(0번 인덱스 또는 group 0)를 클릭한다.

그리고 Test Voice Label(음성 레이블 테스트) 아이콘을 클릭하면 다음 그림처럼 (지금 말해보라는) "Speak now" 다이얼로그 창이 나타난다.

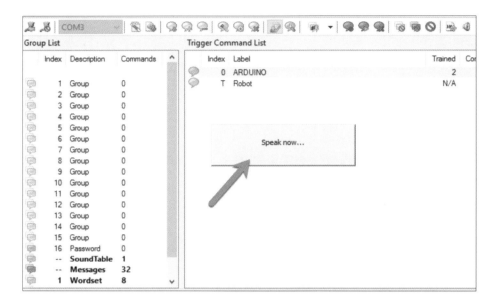

앞에서 ARDUINO 레이블에 정의한 음성 명령을 말해 보자. 시스템이 제대로 인식했다면 레이블이 반전된다.

지금까지 하나의 명령을 정의하는 방법을 살펴봤다. 다른 명령도 같은 방법을 통해 다음과 같이 정의하자.

- MYPASS 레이블을 Password 그룹(인덱스 16)에 정의한다.
- LAMP_ON 레이블은 Group 1(인덱스 1)에 정의한다.
- LAMP_OFF 레이블도 Group 1(인덱스 1)에 정의한다.
- LOGOUT 레이블도 Group 1(인덱스 1)에 정의한다.

다른 명령도 이렇게 레이블을 새로 만든 다음 음성을 학습시켜 테스트해 볼 수 있다.

이제 앞에서 정의한 레이블에 대한 코드를 생성한다. EasyVR 커맨더 도구 메뉴에서 File ➤ Generate Code를 클릭하고 스케치 코드 파일(* .ino 파일)을 선택한다. 이 코드를 수정하는 방법에 대해서는 다음 절에서 설명한다.

이제 아두이노를 EasyVR 커맨더 도구에서 분리하고 스케치 프로그램을 작성해 보자.

음성 명령기 회로 구성

저자는 LED를 사용하도록 예제를 구성했다. 원한다면 릴레이 모듈을 이용하여 실제 전등을 제어할 수도 있다. 다음 그림과 같이 LED를 330옴 저항을 거쳐 디지털 핀 8번에 연결한다.

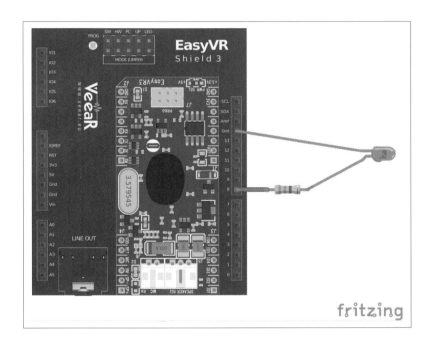

아두이노와 EasyVR 쉴드 3가 통신할 수 있도록, EasyVR 쉴드 3의 모드 점퍼를 SW 모드로 변경한다.

스케치 프로그램 작성하기

앞에서 구한 프로그램을 다음과 같이 수정한다.

```
#include "Arduino.h"
#if !defined(SERIAL_PORT_MONITOR)
  #error "Arduino version not supported. Please update your IDE to
  the latest version."
#endif

#if defined(SERIAL_PORT_USBVIRTUAL)
  // 하드웨어의 쉴드 점퍼 (레오나르도와 두에 보드용)
  #define port SERIAL_PORT_HARDWARE
  #define pcSerial SERIAL_PORT_USBVIRTUAL
#else
  // 소프트웨어용 쉴드 점퍼 (12/13 또는 8/9 핀을 RX / TX로 사용)
  #include "SoftwareSerial.h"
  SoftwareSerial port(12, 13);
  #define pcSerial SERIAL_PORT_MONITOR
#endif

#include "EasyVR.h"

EasyVR easyvr(port);

//그룹, 명령어 정의
enum Groups
{
  GROUP_0 = 0,
  GROUP_1 = 1,
  GROUP_16 = 16,
};

enum Group0
{
  G0_ARDUINO = 0,
};
```

```
enum Group1
{
  G1_LAMP_ON = 0,
  G1_LAMP_OFF = 1,
  G1_LOGOUT = 2,
};

enum Group16
{
  G16_MYPASS = 0,
};

int8_t group, idx;
int myled = 8;
void setup()
{
  // PC 시리얼 포트 설정
  pcSerial.begin(9600);

  pinMode(myled, OUTPUT);

  // 브릿지 모드인가?
  int mode = easyvr.bridgeRequested(pcSerial);
  switch (mode)
  {
  case EasyVR::BRIDGE_NONE:
    // EasyVR 시리얼 포트 설정
    port.begin(9600);
    // 프로그램을 일반모드로 시작한다.
    pcSerial.println(F("---"));
    pcSerial.println(F("Bridge not started!"));
    Break;

  case EasyVR::BRIDGE_NORMAL:
    // EasyVR 시리얼 포트 설정하기 (느린 속도)
    port.begin(9600);
    // PC, EasyVR 시리얼 포트간 소프트 연결soft-connect
```

```
    easyvr.bridgeLoop(pcSerial);
    // 중단되면 일반모드로 다시 시작
    pcSerial.println(F("---"));
    pcSerial.println(F("Bridge connection aborted!"));
    Break;

  case EasyVR::BRIDGE_BOOT:
    // EasyVR 시리얼 포트 설정 (빠른 속도)
    port.begin(115200);
    // PC, EasyVR 시리얼 포트간 소프트 연결soft-connect
    easyvr.bridgeLoop(pcSerial);
    // 중단되면 일반모드로 다시 시작
    pcSerial.println(F("---"));
    pcSerial.println(F("Bridge connection aborted!"));
    Break;
  }

  while (!easyvr.detect())
  {
    Serial.println("EasyVR not detected!");
    delay(1000);
  }

  easyvr.setPinOutput(EasyVR::IO1, LOW);
  Serial.println("EasyVR detected!");
  easyvr.setTimeout(5);
  easyvr.setLanguage(0);

  group = EasyVR::TRIGGER; //<-- start group (customize)
}

void action();

void loop()
{
  if (easyvr.getID() < EasyVR::EASYVR3)
    easyvr.setPinOutput(EasyVR::IO1, HIGH); // LED on (listening)
```

```
Serial.print("Say username ");
Serial.println(group);
easyvr.recognizeCommand(group);

do
{
  // 음성 명령어가 입력될 때까지 처리할 작업이 있다면 여기에 정의한다.
}
while (!easyvr.hasFinished());

if (easyvr.getID() < EasyVR::EASYVR3)
  easyvr.setPinOutput(EasyVR::IO1, LOW); // LED off

idx = easyvr.getWord();
if (idx >= 0)
{
  // 빌트인 트리거 (로봇)
  // group = GROUP_X; <-- 다른 그룹으로 이동
  //group = GROUP_16;
  return;
}
idx = easyvr.getCommand();
if (idx >= 0)
{
  // 디버그 메시지 출력
  uint8_t train = 0;
  char name[32];
  Serial.print("Command: ");
  Serial.print(idx);
  if (easyvr.dumpCommand(group, idx, name, train))
  {
    Serial.print(" = ");
    Serial.println(name);
  }
  else
    Serial.println();
```

```
    // 비프음
    easyvr.playSound(0, EasyVR::VOL_FULL);
    // 특정 행동수행
    action();
  }
  else // 에러나 시간만료
  {
    if (easyvr.isTimeout())
      Serial.println("Timed out, try again...");
    int16_t err = easyvr.getError();
    if (err >= 0)
    {
      Serial.print("Error ");
      Serial.println(err, HEX);
    }
  }
}


void action()
{
    switch (group)
    {
    case GROUP_0:
      switch (idx)
      {
      case G0_ARDUINO:
        // 여기에 액션 코드 작성
        Serial.println("Please say password");
        group =              GROUP_16;
        Break;
      }
      Break;
    case GROUP_1:
      switch (idx)
      {
      case G1_LAMP_ON:
        digitalWrite(myled, HIGH);
```

```
        Serial.println("LAMP ON");
        break;
     case G1_LAMP_OFF:
       digitalWrite(myled, LOW);
       Serial.println("LAMP OFF");
       Break;
     case G1_LOGOUT:
       group = EasyVR::TRIGGER;
       Serial.println("Logout");
       break;
     }
    break;
   case GROUP_16:
     switch (idx)
     {
     case G16_MYPASS:
       // 여기에 액션 코드 작성
       Serial.println("OK.Now I'm waiting your command");
       group = GROUP_1;
       Break;
     }
     Break;
   }
}
```

이 프로그램은 앞에서 정의한 상태 기계에 따라 작동하도록 작성했다.

 EasyVR은 현재 활성되어 있는 그룹에 등록된 음성만을 인식한다.

이제 이 프로그램을 저장하고 아두이노 보드에 올리자.

테스트

이제 프로그램을 테스트해 보자. ARDUINO 레이블에 등록한 음성 명령어를 말하고 다음으로 MYPASS 레이블에 등록한 음성 명령어를 말한다.

그리고 LAMP_ON 레이블에 등록한 음성 명령으로 LED를 켜거나, LAMP_OFF 레이블에 등록한 음성 명령어로 LED를 끈다.

LED 제어 테스트를 다 했다면 LOGOUT 레이블에 등록된 명령으로 음성 명령기를 빠져 나간다. 그러면 아두이노는 다시 ARDUINO 레이블에 등록된 음성 명령이 내려질 때까지 기다린다.

말하는 IoT 보드 만들기

IoT 보드가 여러 정보를 음성으로 알려준다면 굉장히 재미있고 유용할 것이다. 가령 IoT 보드가 수집한 온도나 습도 정보를 음성으로 알려준다면 굉장히 편할 것이다. TTS^{Text-To-Speech} 모듈을 이용하면 이러한 음성 합성 기능을 IoT 보드에 구현할 수 있다.

예제에서는 TTS 모듈로 Emic 2를, IoT 보드는 아두이노 우노 R3을 사용한다. Emic 2는 스파크펀 사이트(https://www.sparkfun.com/products/11711)에서 구입할 수 있다.

자, 이제 시작해 보자.

라이브러리 설정

아두이노 스케치와 Emic 2 모듈이 통신하는 부분은 EMIC2 라이브러리(https://github.com/pAIgn10/EMIC2)로 구현한다. 이 라이브러리를 다운로드해서 아두이노 라이브러리 폴더에 복사한다.

이제 아두이노 IDE에서 스케치 프로그램을 작성한다.

회로 구성

아두이노에 EMIC 2 모듈을 연결하는 방법은 다음과 같다.

- EMIC2의 5V 핀을 아두이노 5V에 연결한다.
- EMIC2의 GND 핀을 아두이노 GND에 연결한다.
- EMIC2의 SOUT 핀을 아두이노 디지털 핀 9번에 연결한다.
- EMIC2의 SIN을 아두이노 디지털 핀 8번에 연결한다.
- EMIC2의 SP- 핀을 스피커의 -에 연결한다.
- EMIC2의 SP+ 핀을 스피커의 +에 연결한다.

완성된 모습은 다음과 같다.

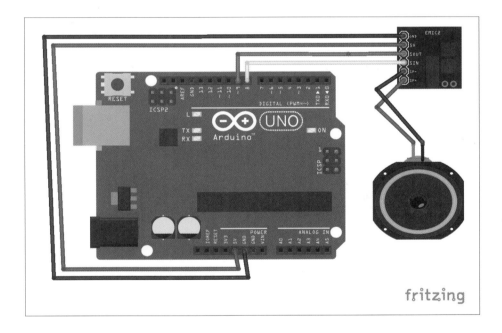

스케치 프로그램 작성하기

TTS는 EMIC2 라이브러리의 `emic.speak()`로 구현한다. 간단히 "Hello Arduino"와 "I am waiting your command"라는 말을 하는 프로그램을 작성해 보자.

다음과 같이 스케치 프로그램을 작성한다.

```
#include <SoftwareSerial.h>
#include "EMIC2.h"

// 이 사이트 참조: http://arduino.cc/en/Reference/SoftwareSerial
#define RX_PIN 9 // Connect SOUT Emic 2 module to the RX pin
#define TX_PIN 8 // Connect SIN Emic 2 module to the TX pin

EMIC2 emic;

void setup() {
  emic.begin(RX_PIN, TX_PIN);
  emic.setVoice(8); // Sets the voice (9 choices: 0 - 8)
}

void loop() {
  // put your main code here, to run repeatedly:
  emic.setVolume(10);
  emic.speak("Hello Arduino");
  emic.resetVolume();
  delay(2000);

  emic.speak("I am waiting your command");
  delay(3000);
}
```

위 파일을 ArTTSDemo로 저장한다.

테스트

스케치 프로그램을 컴파일한 후에 아두이노 보드에 올리면, 스피커에서 음성이 나온다.

굉장히 단순한 프로그램이지만, 얼마든지 다양한 형태로 확장할 수 있다. 예를 들어 인터넷에서 가져온 데이터를 아두이노가 읽게 할 수도 있고, 현재 온도나 습도를 아두이노가 주기적으로 스피커를 통해 알려주게 만들 수도 있다.

말하는 라즈베리 파이 만들기

앞 절에서는 하드웨어 모듈을 아두이노에 장착하여 음성 시스템을 만들었다. 이번에는 음성 처리 작업을 소프트웨어로 처리해 보자.

이번 예제는 라즈베리 파이에서 작업한다. OS는 라즈비안 제시[Jessie] 버전을 사용했는데, 최신 버전으로 작업해도 무방하다.

설정하기

라즈베리 파이 3과 같은 일부 모델은 오디오 단자를 통해서 오디오를 출력한다.

헤드폰이나
이어폰 연결

이 단자에 헤드폰이나 이어폰, 외부 스피커를 연결하면 된다. 저자는 외부 스피커 (JBL 스피커)를 사용했다.

외부 스피커를 사용하려면 rasp-config로 라즈베리 파이 설정을 바꿔야 한다. 터미널에서 다음과 같이 입력한다.

```
$ sudo raspi-config
```

다음과 같은 화면을 볼 수 있다. 여기서 9 Advanced Options을 선택한다.

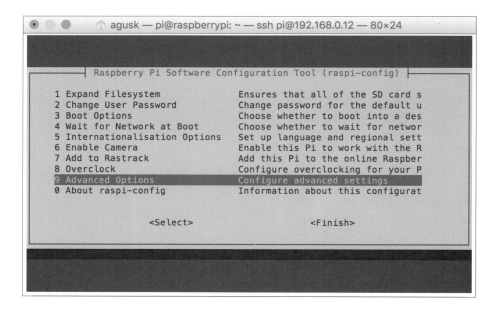

그리고 라즈베리 파이 오디오를 설정하기 위해 **A9 Audio**를 선택한다.

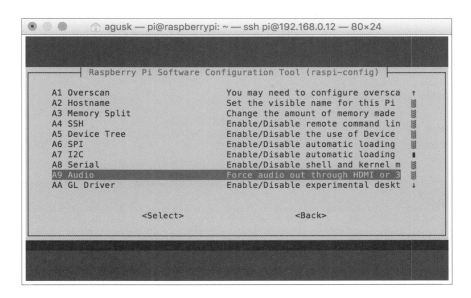

그러면 다음과 같이 오디오 출력 리스트가 보일 것이다. 1 Force 3.5mm ('headphone')
jack을 선택한다.

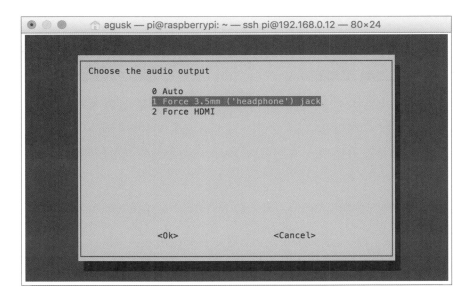

이제 오디오를 헤드폰으로 들을 수 있도록 설정했다. 다음으로 오디오 라이브러리를 설치한다. 예제에서는 페스티벌^{festival} 라이브러리를 사용한다. 이 라이브러리는 http://www.cstr.ed.ac.uk/projects/festival/에서 다운로드할 수 있다.

이제 다음과 같이 명령을 입력하여 라즈베리 파이에 페스티벌 라이브러리를 설치한다.

```
$ sudo apt-get update
$ sudo apt-get install festival
```

이 명령으로 라이브러리를 설치하려면 라즈베리 파이가 인터넷에 연결되어 있어야 한다.

페스티벌 라이브러리는 다양한 음성모델을 제공한다. 다른 음성 모델을 추가하고 싶다면, https://packages.debian.org/jessie/festival-voice에서 원하는 모델을 골라서 설치한다.

다 설치했다면 테스트하자. 다음과 같이 터미널에 명령을 입력하면 라즈베리 파이가 스피커를 통해 "Good morning!"이라고 말한다.

```
$ echo "Good morning!" | festival --tts
```

파이썬 프로그램 작성하기

페스티벌 라이브러리에 대해 좀 더 자세히 살펴보자. 이를 위해 페스티벌 라이브러리와 GPIO를 다루는 작업을 파이썬으로 작성한다. 파이썬용 페스티벌 라이브러리인 pyfestival을 사용한다. 이 라이브러리에 대한 자세한 사항은 https://github.com/techiaith/pyfestival를 참조한다.

다음과 같이 명령을 입력하여 pyfestival 라이브러리를 설치한다.

```
$ sudo apt-get install python python-dev festival festival-dev
$ sudo pip install pyfestival
```

pyfestival 라이브러리에서 제공하는 festival.sayText() 함수를 이용하면 사람의 목소리를 낼 수 있다. 또한 festival.sayFile() 함수를 이용하면 파일에 담긴 텍스트를 음성으로 생성할 수 있다.

다음과 같이 코드를 작성한다.

```
import festival

festival.sayText("I am Raspberry Pi")
festival.sayFile("ch05_test_tts.txt")
```

이 코드를 ch05_tts.py 파일에 저장한다.

입력으로 지정한 ch05_test_tts.txt 파일에 원하는 문장을 작성한다. 예를 들면 다음과 같다.

```
The Raspberry Pi is a series of credit card-sized single-board
computers developed in the United Kingdom by the Raspberry Pi
Foundation to promote the teaching of basic computer science in
schools and developing countries.
```

파일을 저장하고 다음과 같이 명령을 입력하여 테스트하자.

```
$ python ch05_tts.py
```

그러면 라즈베리 파이가 스피커나 헤드폰을 통해 입력 파일에 담긴 내용을 또박또박 읽어 준다.

응용 방법

앞에서 살펴본 예제는 굉장히 간단히 작성했지만, 다른 센서나 액추에이터를 추가해서 기능을 더 확장해도 된다. 예를 들면 라즈베리 파이에 달린 버튼을 누르면 뭔가 말하게 만들어 볼 수도 있다.

또한 앞에서 만든 음성 명령기를 이용하여 라즈베리 파이와 대화할 수 있게 만들 수도 있다.

요약

이 장에서는 기본적인 음성 처리 방법에 대해 알아봤다. 그리고 IoT 보드에서 사용할 수 있는 몇 가지 사운드 및 음성 모듈에 대해서도 살펴봤다. 이 장의 첫 번째 예제로 소리의 강도를 측정할 수 있는 프로그램을 작성했다. 그리고 EasyVR과 EMIC 2 모듈을 활용한 음성 명령기와 TTS 프로그램도 만들었다. 마지막으로 라즈베리 파이가 말할 수 있게 만들어 봤다.

다음 장에서는 클라우드 기술을 활용하여 IoT 장치의 백엔드 컴퓨팅 인프라스트럭처를 구축하는 방법에 소개한다.

참고 문헌

이 장에서 다룬 주제에 대한 자세한 사항은 다음 문헌을 참고한다.

1. Juang, B. H.; Rabiner, Lawrence R. Automatic speech recognition – a brief history of the technology development. http://www.ece.ucsb.edu/faculty/Rabiner/ece259/Reprints/354_LALI-ASRHistory-final-10-8.pdf.
2. Benesty, Jacob; Sondhi, M. M.; Huang, Yiteng. Springer Handbook of Speech Processing. Springer Science & Business Media.2008.
3. Wu Chou, Biing-Hwang Juang. Pattern Recognition in Speech and Language Processing. CRC Press, 2003.

6

데이터 과학용 클라우드

이 장에서는 IoT 장치가 클라우드 플랫폼을 활용하는 방법에 대해 소개한다. IoT 시스템에서 백엔드 인프라스트럭처^{Backend infrastructure}의 역할은 굉장히 중요하다. 예를 들어, 여러 나라의 각 지역에 IoT 보드를 설치해서 다양한 센서 데이터를 수집한다면 보다 흥미로운 서비스를 만들 수 있다. IoT 시스템을 이렇게 대규모로 확장하기 위해서는 데이터 과학 서비스를 갖춘 클라우드 기반 플랫폼이 필요하다.

이 장에서 다루는 주제는 다음과 같다.

* 클라우드 기술의 개요
* 데이터 과학용 클라우드의 개요
* IoT 보드를 클라우드 서버에 연결하는 방법
* 데이터 과학용 클라우드 구축 방법
* 데이터 과학용 클라우드를 이용한 IoT 애플리케이션 제작 방법

클라우드 기술 소개

클라우드^{Cloud}란 로컬에서 처리하던 컴퓨팅 작업이나 데이터를 인터넷 네트워크를 통해 원격 서버에 전달하여 처리하는 기술이다. 클라우드를 직접 구축할 수도 있지만, 대신 엄청난 투자 비용을 감수해야 한다.

일반적으로 클라우드는 동적 인프라스트럭처를 제공한다. 다시 말해 시스템을 멈추지 않고도 인프라스트럭처를 업그레이드할 수 있다. 클라우드 기술과 관련하여 자주 거론되는 용어로 SaaS, PaaS, IaaS 등이 있다.

SaaS^{Software as a Service}(서비스 방식 소프트웨어)는 일반 소비자에게 가장 친숙한 방식의 클라우드 서비스다. SaaS는 소프트웨어의 관리와 배치 작업을 제3자가 제공하는 서비스로 처리한다. SaaS에 대한 예로 드롭박스^{DropBox}, 구글 앱스^{Google Apps}, 스토리지 서비스가 있다.

PaaS^{Platform as a Service}(서비스 방식 플랫폼)는 소프트웨어를 개발하거나 배치하기 위한 플랫폼을 제공하는 기술이다. 사용자가 원하는 플랫폼만 선택한 뒤, 자신의 비즈니스 영역에만 집중하면 된다. 네트워크 인프라스트럭처나 서비스에 관련된 작업은 PaaS가 알아서 처리해준다. PaaS에 대한 몇 가지 예로 히로쿠^{Heroku}, 구글 앱 엔진^{Google App Engine}, 레드햇의 오픈시프트^{OpenShift} 등이 있다.

IaaS^{Infrastructure as a Service}(서비스 방식 인프라스트럭처)는 클라우드 서버 뿐만 아니라, 대시보드나 API를 비롯한 여러 가지 클라우드 관련 리소스도 함께 제공한다. 서버 장비나 인프라에 필요한 리소스를 직접 관리하지 않거나, 직접 데이터센터를 구축하고 싶지 않은 이들에게 적합한 방식이다. IaaS는 유연한 클라우드 컴퓨팅 모델을 기반으로 하고 있으며, 프로세싱 파워, 스토리지, 네트워킹, 서버 등을 자동으로 배치하는 기능을 제공한다.

아마존^{Amazon} IoT, 애저^{Azure} IoT 등을 비롯한 대형 클라우드 업체는 사용자가 가지고 있는 IoT 보드를 클라우드의 리소스와 연동할 수 있도록 SDK나 API를 제공한다. 따라서 자신이 만든 IoT 보드로 수집한 센서 데이터를 클라우드 서버에서 관리하고 분석할 수 있다.

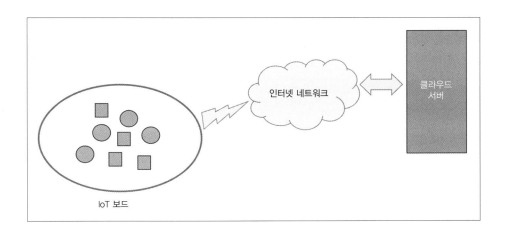

인터넷 네트워크

클라우드 서버

IoT 보드

데이터 과학용 클라우드

이전 장에서 회귀 분석^{regression}, 분류^{classification}, 예측^{prediction}을 비롯한 데이터 과학 관련 개념에 대해 설명한 바 있다. 이러한 작업을 처리하려면 엄청난 양의 리소스가 필요하다.

리소스 문제를 해결하기 위한 한 가지 방법은 데이터 과학용 클라우드를 활용하는 것이다. 그러면 분류와 예측 작업을 수행하는데 필요한 리소스를 확보하고 최적화 할 수 있다. 또한 대부분의 클라우드는 고가용성$^{High\ Availability}$ 기능도 지원한다.

마이크로소프트, 아마존, 구글를 비롯한 대형 클라우드 사업자는 이미 데이터 과학용 서버를 구축하여 제공하고 있다. R이나 파이썬 언어로 데이터 과학용 프로그램은 작성하기만 하면, 센서 데이터에 대한 전처리 및 후처리와 같은 나머지 작업은 클라우드가 처리한다.

다음 그림은 클라우드 기반 머신 러닝 서비스를 제공하는 마이크로소프트 애저 ML 스튜디오^{Microsoft Azure Machine Learning Studio}의 대시보드 화면을 보여주고 있다.

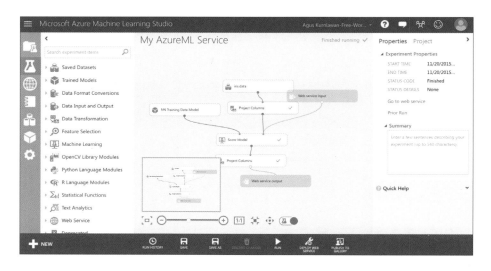

IoT 보드와 클라우드 서버 연결하기

IoT 보드를 클라우드 서버에 연결하려면 보드에 네트워킹 기능을 갖추고 있어야 한다. 그래야 원격 서버에 접속할 수 있다. IoT 보드에 이더넷^{Ethernet} 모듈이나 와이파이^{Wi-Fi} 모듈을 장착하면 된다.

IoT 보드와 연결하는 기능을 제공하는 클라우드 서버 플랫폼은 다양하다. 이 절에서는 그 중에서 마이크로소프트 애저 IoT와 아마존 AWS IoT, 아두이노 클라우드에 대해 차례대로 살펴본다.

마이크로소프트 애저 IoT

마이크로소프트는 애저^{Azure}라는 클라우드 서비스를 제공하고 있다. 애저 서비스는 IT 업무를 처리하는 데 필요한 다양한 기능을 제공하며, 애저 포털을 통해 자신의 클라우드 서비스를 관리할 수 있다. 다음 그림은 애저 포털 화면을 보여주고 있다.

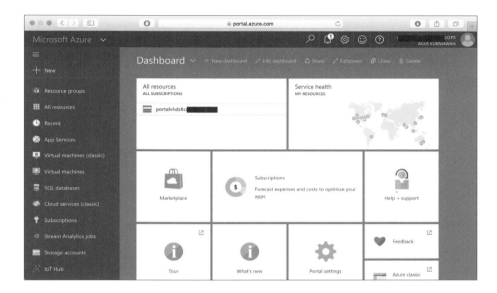

마이크로소프트 애저에 대한 자세한 사항은 이 책에서 다루지 않는다. 궁금한 독자는 https://azure.microsoft.com/을 참조하기 바란다. 애저 IoT 서비스에 대해서는 뒷 절에서 소개한다.

아마존 AWS IoT

아마존은 오래 전부터 아마존 AWS란 클라우드 서비스를 제공하고 있다. 최근에는 IoT를 위한 서비스를 제공하기 시작했다. 이를 통해 자신이 만든 보드를 AWS에 연결해서 데이터를 올리거나 가져올 수 있다.

AWS IoT의 구조는 다음과 같다.

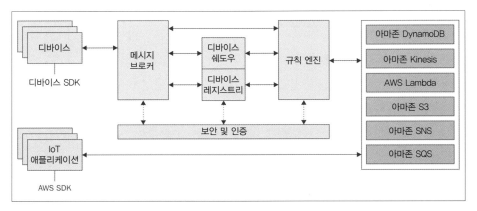

출처: http://docs.aws.amazon.com/iot/latest/developerguide/aws-iot-how-it-works.html

그림을 보면 메시지 브로커를 통해 자신이 사용하는 보드와 AWS IoT를 연결한다. 또한 보드로 수집한 데이터를 필터링하기 위한 규칙도 지정할 수 있다. 아마존 AWS의 백엔드에서는 아마존 DynamoDB, AWS Lambda, 아마존 S3 등을 비롯한 데이터 관리에 관련된 서비스를 다양하게 제공한다.

AWS IoT에 대한 자세한 사항은 http://docs.aws.amazon.com/iot/latest/developerguide/aws-iot-how-it-works.html을 참고한다.

아두이노 클라우드

아두이노(Arduino.cc)도 아두이노 보드와 클라우드 서버를 연결하는 아두이노 클라우드^{Arduino Cloud} 서비스를 무료로 제공한다(https://cloud.arduino.cc/). 아두이노 클라우드를 사용하려면 먼저 먼저 포털에 회원 등록을 해야 한다.

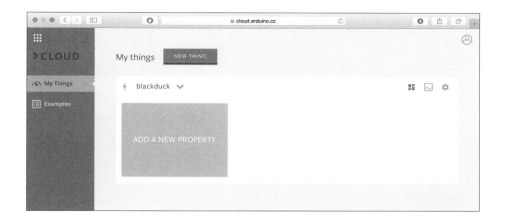

현재 아두이노 클라우드에서는 MQTT 브로커를 제공한다. 따라서 아두이노 보드끼리 메시지를 주고 받을 때 MQTT 프로토콜에 따라 통신한다.

아두이노 클라우드를 사용하기 위해서는 아두이노 보드에 네트워크 모듈을 장착하거나, 이러한 모듈이 기본 장착된 아두이노 보드를 사용해야 한다. 아두이노 클라우드에서 사용할 수 있는 아두이노 보드와 네트워크 모듈은 다음과 같은 것들이 있다.

* 아두이노/제누이노^{Genuino} 윤^{Yún} 쉴드
* 아두이노/제누이노 MKR1000
* 와이파이^{WiFi} 쉴드 101

이 장에서는 아두이노 MKR1000 보드(https://www.arduino.cc/en/Main/ArduinoMKR1000)를 아두이노 클라우드에 연결하는 예제를 소개한다.

아두이노 클라우드 설정하기

아두이노 클라우드 사이트에 가입했다면, 자신이 사용하는 아두이노 보드를 아두이노 클라우드에 연결할 수 있다. 우선 사용할 보드를 아두이노 클라우드에 등록해야 한다.

아두이노 보드를 등록하려면 https://cloud.arduino.cc/cloud/getting-started에 나온 설명을 따라하거나, 곧바로 https://cloud.arduino.cc/cloud로 가서 장치를 등록하면 된다. 이 사이트의 NEW THING 버튼을 클릭하면 다음과 같이 보드를 등록하는 화면이 나타난다.

사용하는 아두이노 보드의 이름(예, arduinobot)을 입력하고, SAVE 버튼을 클릭하여 저장한다.

그러면 아두이노 클라우드 대시보드에 다음과 같이 입력한 IoT 보드 이름이 표시된다.

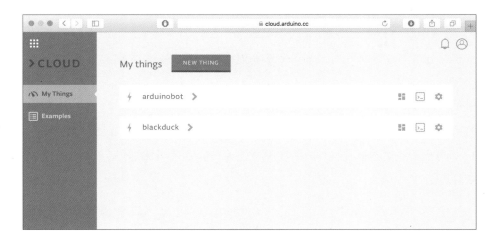

이제 예제에서 사용할 센서의 속성을 정의한다. 예제에서는 온도와 습도 센서를 사용하므로, 이러한 두 가지 속성을 나타내는 Temperature와 Humidity 속성을 정의한다. 아두이노 보드는 이렇게 정의한 속성을 통해 센서 데이터를 클라우드로 보내거나 클라우드에서 가져온다.

사이트에 등록한 아두이노 보드 이름의 왼쪽에 있는 번개 모양 아이콘을 클릭해 보자. 그러면 다음 그림처럼 보드 속성을 입력하는 웹 폼이 나타난다.

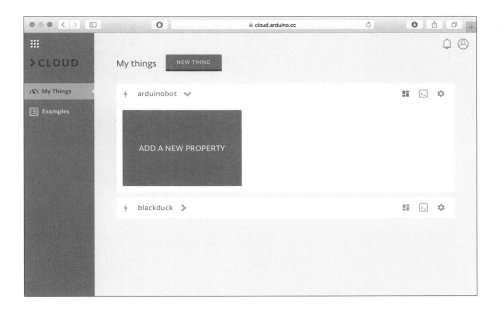

ADD A NEW PROPERTY 버튼을 클릭한 후, 다음과 같이 값을 입력한다.

- Name: Humidity
- Type: Float
- Policy: Update when the value changes

다 입력했으면 SAVE 버튼을 눌러 보드 속성을 저장한다.

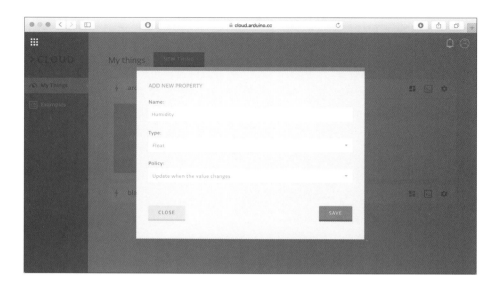

보드의 두 번째 속성도 같은 방법으로 입력한다. 값은 다음과 같다.

- Name: Temperature
- Type: Float
- Policy: Update when the value changes

그러면 다시 보드에 다음과 같이 두 가지 보드 속성이 추가된다.

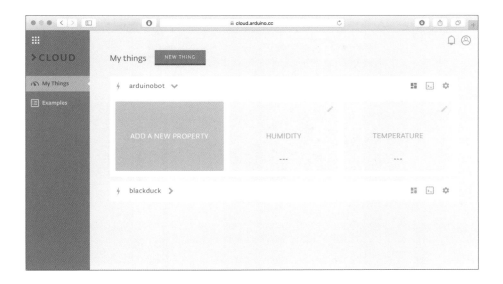

방금 아두이노 클라우드에 추가한 두 가지 속성은 데이터 타겟으로 사용된다. 이 속성을 읽거나 쓰는 방법은 다음 절에서 설명한다.

예제 회로 구성하기

예제에서는 온도와 습도 데이터를 수집하기 위해 DHT-22 센서를 사용한다. 이 센서를 보드에 장착해서 사용하는 방법에 대해서는 앞 장(1장)에서 이미 소개한 바 있다.

이 장에서는 DHT-22 센서 모듈을 아두이노 MKR1000 보드에 연결한다. 연결 방법은 다음과 같다.

- VDD(1번 핀)은 아두이노의 VCC(3.3V) 핀에 연결한다.
- SIG(2번 핀)은 아두이노의 디지털 핀 8번에 연결한다.
- GND(4번 핀)은 아두이노의 GND 핀에 연결한다.

회로도는 다음과 같다.

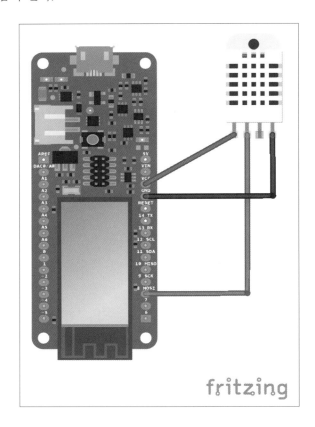

아두이노 클라우드 라이브러리 추가하기

아두이노 클라우드에서는 데이터를 올리거나 가져올 때 MQTT 프로토콜을 사용한다. 아두이노 보드에서 아두이노 클라우드에 접근하는 데 필요한 기능은 오픈소스 라이브러리인 ArduinoCloud에서 제공한다. 자세한 사항은 https://github.com/arduino-libraries/ArduinoCloud를 참조한다.

ArduinoCloud 라이브러리는 아두이노 IDE를 통해 보드에 설치할 수 있다. IDE의 스케치^{Sketch} ➤ Include Library ➤ Manage Libraries 메뉴를 클릭하면 다음과 같이 라이브러리 매니저^{Library Manager}라는 다이얼로그가 뜬다.

상단의 텍스트 창에 arduinocloud라고 입력하면, 아래 화면에 ArduinoCloud 라이브러리가 표시된다. 이 라이브러리 항목의 우측 하단에 나온 Install 버튼을 클릭하면 라이브러리가 설치된다.

다 설치했다면 이제 본격적으로 스케치 프로그램을 작성해 보자.

아두이노 클라우드 웹 SSL 인증서 업데이트하기

아두이노 MKR1000이나 아두이노 보드에 WiFi 101 쉴드를 장착했다면, 아두이노 클라우드 웹사이트(arduino.cc)에서 SSL 인증서를 업데이트해야 한다.

최신 펌웨어 업데이터(FirmwareUpdater) 도구는 다음 사이트에서 다운로드할 수 있다.

https://github.com/arduino-libraries/WiFi101-FirmwareUpdater/releases

이제 아두이노 IDE를 띄우고, **파일**^{File} ➤ **예제**^{Examples} ➤ WiFi101 ➤ FirmwareUpdater를 선택한다. 그러면 다음과 같이 스케치 프로그램이 나타난다.

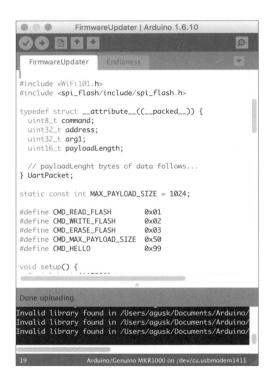

IDE에서 아두이노 보드 타겟과 포트를 선택한 뒤, 이 프로그램을 컴파일해서 아두이노 보드에 올린다.

또는 아두이노 보드에 연결된 컴퓨터에서 WINC1500 SSL 인증서 업데이터 프로그램을 실행해도 된다. 터미널 창에서 다음과 같이 입력하면 된다.

```
$ ./winc1500-uploader-gui
```

246

그러면 다음과 같이 WINC1500 SSL 인증서 업데이터 창이 뜬다.

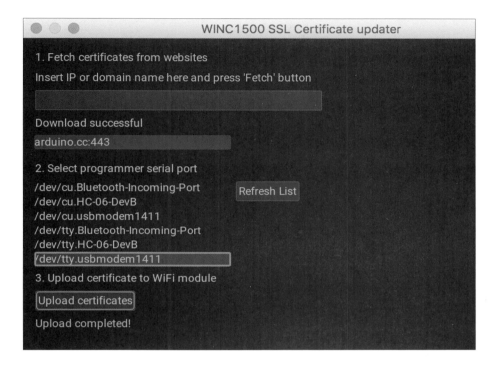

이 창에서 다음과 같이 입력한다.

1. 1번 항목(Fetch certificates from websites)의 텍스트 필드에 arduino.cc를 입력한다.

2. Fetch 버튼을 클릭해서 arduino.cc로부터 SSL 인증서를 다운로드한다.

3. 2번 항목(Select programmer serial port)에서 아두이노와 연결한 포트를 선택한다.

4. 다 입력했다면 Update certificates 버튼을 클릭하여 SSL 인증서를 아두이노 보드에 올린다.

그러면 WINC1500 펌웨어에 방금 아두이노 웹사이트(arduino.cc)에서 받은 SSL 인증서가 설치될 것이다.

아두이노 클라우드용 프로그램 작성하기

이제 본격적으로 예제 프로그램(스케치)을 작성해 보자. 코드를 처음부터 새로 작성하지 않고, 아두이노 클라우드에서 제공하는 예제 코드를 수정하는 방식으로 작성한다. 대시보드에 나온 보드 항목의 오른쪽에 나온 세 개의 아이콘 중에서 가운데 **아이콘**(code)을 클릭하면, 다음과 같이 코드 골격이 나타난다.

이 스케치 코드를 그대로 복사해서 아두이노 IDE에 붙인다.

이제 복사한 스케치 프로그램 골격에 DHT-22 센서값을 읽어서 클라우드로 전달하는 코드를 추가한다. 예제에서는 아두이노 보드에 연결된 DHT-22 센서를 통해 온도와 습도 정보를 읽어서, 그 값을 아두이노 클라우드로 전달한다.

완성된 코드는 다음과 같다.

```
#include <WiFi101.h>
#include <ArduinoCloud.h>
#include "DHT.h"

/////// Wifi 설정 ///////
```

```
char ssid[] = "<사용할_SSID>";
char pass[] = "<사용할_SSID의_비밀번호>";


// 아두이노 클라우드 관련 설정 및 계정 정보
const char userName[]  = "<사용자_이름>";
const char thingName[] = "<사물_이름>";
const char thingId[]   = "<사물_ID>";
const char thingPsw[]  = "<사물_비밀번호>";


WiFiSSLClient sslClient;


// "arduinobot"란 이름의 오브젝트를 새로 생성한다.
ArduinoCloudThing arduinobot;


// DHT22 관련 매크로 정의
#define DHTTYPE DHT22
// define pin on DHT22
#define DHTPIN 8

DHT dht(DHTPIN, DHTTYPE);

void setup() {
  Serial.begin (9600);
  dht.begin();

  // 와이파이 네트워크에 연결을 시도한다.
  Serial.print("Attempting to connect to WPA SSID: ");
  Serial.println(ssid);

  while (WiFi.begin(ssid, pass) != WL_CONNECTED) {
    // 실패하면 4초 뒤에 다시 시도한다.
    Serial.print("failed ... ");
    delay(4000);
```

```
      Serial.print("retrying ... ");
    }
    Serial.println("connected to wifi");

    arduinobot.begin(thingName, userName, thingId, thingPsw, sslClient);
    arduinobot.enableDebug();

    // 속성을 정의한다.
    arduinobot.addProperty("Humidity", FLOAT, R);
    arduinobot.addProperty("Temperature", FLOAT, R);
}

void loop() {

    arduinobot.poll();
    delay(2000);

    // 온도와 습도를 읽는 시간은 250ms 정도 걸린다.
    // 따라서 센서로 읽은 값은 2초 정도 과거의 값이다. (굉장히 느린 센서다.)
    float h = dht.readHumidity();
    // 온도를 (디폴트 단위인) 섭씨로 읽는다.
    float t = dht.readTemperature();


    // 읽기에 실패하거나 너무 일찍 종료했다면 다시 시도한다.
    if (isnan(h) || isnan(t)) {
      Serial.println("Failed to read from DHT sensor!");
      return;
    }

    arduinobot.writeProperty("Temperature", t);
    arduinobot.writeProperty("Humidity", h);
    delay(1000);

}
```

이제 이 프로그램을 컴파일해서 아두이노 보드에 올린다.

아두이노 IDE에서 시리얼 모니터를 띄운다. 그러면 스케치 프로그램에서 와이파이에 연결한 뒤, DHT-22 센서로부터 온도와 습도 값을 읽고, 그 값을 아두이노 클라우드로 보내는 것을 확인할 수 있다.

저자가 예제를 실행했을 때 시리얼 모니터에 표시된 실행 결과는 다음과 같다.

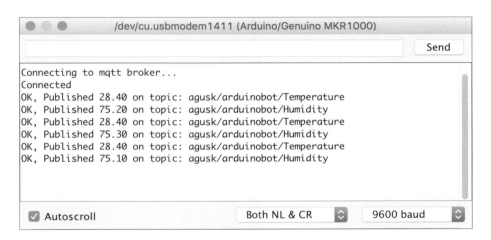

아두이노 클라우드 사이트의 대시보드로 가서, 앞서 등록한 아두이노 보드 항목을 보면 다음과 같이 온도와 습도 값이 표시되는 것을 확인할 수 있다.

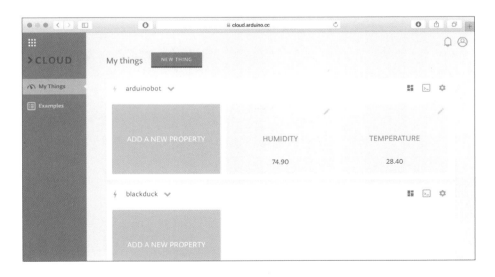

프로그램의 실행 과정을 하나씩 살펴보자. 원리는 간단하다. 먼저 setup() 함수에서 시리얼 포트와 DHT-22 모듈을 활성화한다. 그러고 나서 와이파이 AP에 접속을 시도한다.

```
Serial.begin (9600);
dht.begin();

// 와이파이 네트워크에 연결을 시도한다. :
while (WiFi.begin(ssid, pass) != WL_CONNECTED) {
  // 실패하면 4초 뒤에 다시 시도한다.
  Serial.print("failed ... ");
  delay(4000);
  Serial.print("retrying ... ");
}
```

그리고 ArduinoCloud 라이브러리를 통해 보드 속성을 정의한다.

```
arduinobot.begin(thingName, userName, thingId, thingPsw, sslClient);
arduinobot.enableDebug();

// 속성을 정의한다.
arduinobot.addProperty("Humidity", FLOAT, R);
arduinobot.addProperty("Temperature", FLOAT, R);
```

loop() 함수에서는 아두이노 클라우드에 대해 poll()을 수행한다.

```
arduinobot.poll();
delay(2000);
```

그러고 나서 DHT-22 센서로부터 온도와 습도 정보를 가져와서 아두이노 클라우드로 보낸다.

```
float h = dht.readHumidity();
float t = dht.readTemperature();
if (isnan(h) || isnan(t)) {
  Serial.println("Failed to read from DHT sensor!");
  return;
```

```
    }

arduinobot.writeProperty("Temperature", t);
arduinobot.writeProperty("Humidity", h);
delay(1000);
```

마이크로소프트 애저 IoT 허브 사용법

애저 IoT 허브^{Azure IoT Hub}는 수많은 장치와 클라우드 사이에서 주고 받는 대규모 메시지 서비스를 안정적으로 제공하며, 장치 단위로 설정된 보안 계정과 접근 제어 규칙을 통해 보안 통신 기능을 제공한다. 또 주요 언어와 플랫폼에 대한 여러 가지 장치 라이브러리도 제공한다.

애저 IoT 허브는 다양한 IoT 보드와 연결할 수 있다. https://azure.microsoft.com/en-us/develop/iot/get-started/에 가면 애저 IoT 허브에서 지원하는 보드 목록을 확인할 수 있다.

이 절에서는 라즈베리 파이와 데스크탑에서 마이크로소프트 애저 IoT 허브에 연결하는 방법에 대해 살펴본다. 라즈베리 파이 외에도 애저 IoT에서 지원하는 다른 보드를 선택해도 된다. 그럼 본격적으로 시작해 보자.

마이크로소프트 애저 IoT 허브 설정하기

마이크로소프트 애저 IoT 허브를 사용하기 위해서는 먼저 마이크로소프트 애저에 대한 구독 계정이 있어야 한다. 마이크로소프트에서는 시험용 계정도 제공한다.

브라우저 창을 띄우고 마이크로소프트 애저의 포털 사이트인 https://portal.azure.com으로 가자. 왼쪽에 있는 메뉴에서 IoT 허브 항목을 선택하면, 다음과 같이 IoT 허브 대시보드가 나타난다.

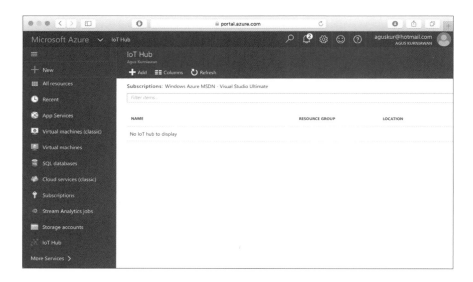

새로운 IoT 허브를 추가하도록, 화면 상단에 있는 **+ 추가**Add 버튼을 클릭한다. 그러면 다음과 같이 웹폼이 나타난다.

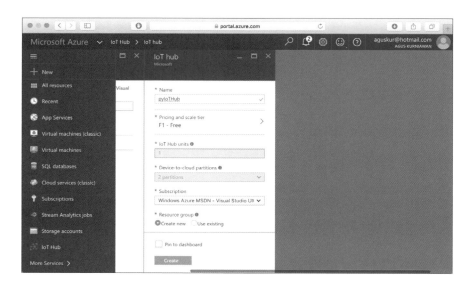

허브 이름, 가격, 크기 계층을 비롯한 *표가 표시된 필수 항목을 모두 작성한다. 이 책을 집필하는 시점에는 무료 계층(F1)이 있었다.

다 작성했으면 **만들기**^{Create} 버튼을 클릭한다.

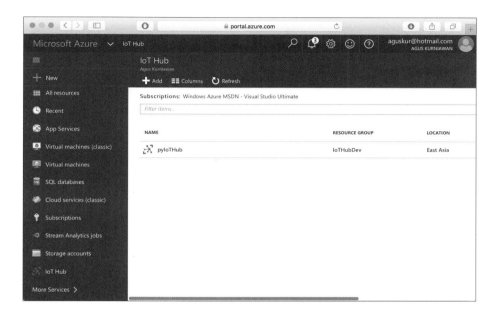

그러면 마이크로소프트 애저 IoT 허브에 새로운 허브가 추가된다. 추가가 완료될 때까지 어느 정도 시간이 걸린다.

새로운 애저 IoT 허브를 추가하는 작업이 끝났다면, 이제 예제에 맞게 수정해 보자.

IoT 장치 등록하기

사용하는 IoT 보드를 마이크로소프트 애저 IoT 허브에 연결하려면, 먼저 보드를 IoT 허브에 등록해야 한다. 그러면 접근 계정이 생성된다.

IoT 장치를 등록할 때 두 가지 옵션 중 하나를 선택할 수 있다.

Microsoft Azure ➤ IoT Hub ➤ Settings 설정으로 간다. 그러면 다음과 같이 여러 가지 메뉴가 나타난다.

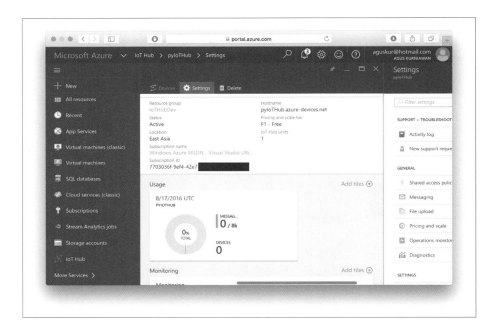

오른쪽 메뉴 중에서 **일반 ➤ 공유 액세스 정책**^{Shared access policies} 메뉴를 클릭하면, 다음과
같이 여러 가지 공유 정책이 화면에 나타난다.

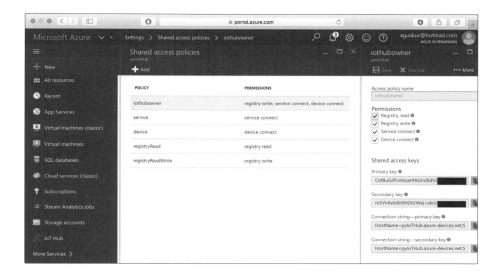

iothubowner 정책을 클릭한다. 그러면 공유 액세스 키가 나타나는데, 그 아래 연결 문
자열^{Connection string} – 기본 키^{primary key} 항목에 나온 값을 복사한다.

연결 문자열은 애저 IoT에 연결할 IoT 보드를 새로 추가할 때 사용한다. 현재 버전
에서 IoT 보드를 추가하는 작업은 두 가지 방식(iothub-explorer 도구를 사용하는 방식
과 장치 탐색기를 사용하는 방식)으로 처리할 수 있다.

iothub-explorer는 Node.js로 구현된 CLI(커맨드라인 인터페이스) 기반의 도구로서,
모든 플랫폼에서 실행할 수 있다. 장치 탐색기^{Device Explorer}는 GUI 기반의 도구로서
윈도우 플랫폼에서만 사용할 수 있다.

iothub-explorer 사용법에 대한 자세한 사항은 https://github.com/Azure/azure-
iot-sdks/blob/master/tools/iothub-explorer/readme.md를 참조한다.

이 절에서는 윈도우 10 환경에서 장치 탐색기로 IoT 보드를 추가하는 방법을 소개
한다.

장치 탐색기는 https://github.com/Azure/azure-iot-sdks/releases에서 다운로드 할 수 있다. 다운로드한 설치 파일을 실행한 뒤, 앞에서 복사해 둔 연결 문자열을 Configuration 탭의 첫 번째 필드에 붙인다. 실행 화면은 다음과 같다.

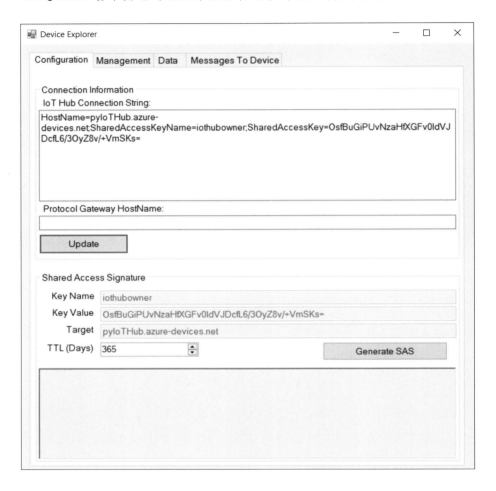

애저 IoT 허브의 연결 문자열을 다 입력했다면, Update 버튼을 클릭한다. 문제가 없으면 Management 탭을 클릭한다. 화면은 다음과 같다.

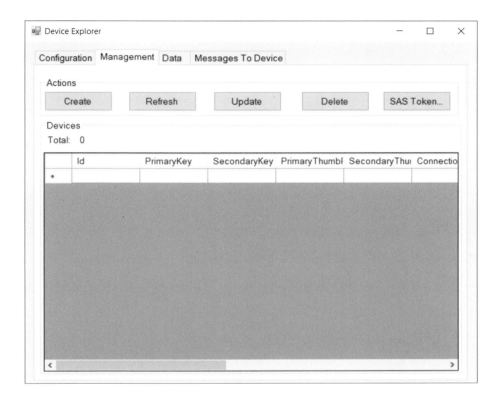

새로운 IoT 장치를 추가하려면 Create 버튼을 클릭한다. 그러면 다음과 같이 다이얼로그 창이 하나 뜬다.

장치 이름을 입력한 뒤 Create 버튼을 클릭한다. 문제가 없다면, 장치 탐색기의 Management 탭 아래에 방금 추가한 장치가 표시된다.

이제 IoT 장치로부터 연결 문자열을 가져온다. 장치 항목에 대해 마우스 오른쪽 버튼을 클릭한다. 그러면 다음과 같이 컨텍스트 메뉴가 나타난다.

선택한 장치에 대한 연결 문자열 복사^{Copy connection string for selected device} 항목을 선택한 뒤, 복사한 값을 아무 텍스트 편집기에 붙여둔다. 이 값은 예제 프로그램에서 사용할 것이다. 이 값을 사용하는 방법에 대해서는 다음 절에서 설명한다.

프로그램 작성하기

애저 IoT 허브를 사용하는 예제 프로그램은 파이썬으로 작성한다. 테스트는 라즈비안 OS가 설치된 라즈베리 파이에서 실행한다.

애저 IoT SDK는 https://github.com/Azure/azure-iot-sdks에서 받을 수 있다. 자신이 사용하는 플랫폼에 맞는 버전으로 다운로드한다. 소스 코드를 설치하기 전에, 라즈비안 설정에서 스왑 파일 용량을 적절히 늘려야 한다.

터미널 창을 띄우고, 다음과 같이 명령을 입력한다.

```
$ sudo nano /etc/dphys-swapfile
```

다음 항목이 나온 줄로 커서를 이동한다.

```
CONF_SWAPSIZE=100
```

이 값을 다음과 같이 수정한다.

```
CONF_SWAPSIZE=1024
```

다 수정했으면 스왑 파일 서비스를 다시 구동하거나 라즈베리 파이를 리부팅한다.

이제 https://github.com/Azure/azure-iot-sdks.git에서 애저 IoT SDK 소스 코드를 다운로드해서 빌드하고 설치한다. 먼저 애저 IoT SDK for C부터 설치해야 한다. 애저 IoT의 파이썬 라이브러리의 파이썬 바인딩에 필요하기 때문이다.

라즈베리 파이 터미널에서 다음과 같이 명령을 입력한다.

```
$ sudo apt-get update
$ git clone --recursive https://github.com/Azure/azure-iot-sdks.git
$ cd azure-iot-sdks/c/build_all/linux/
$ ./setup.sh
$ ./build.sh
```

빌드가 끝났다면, 파이썬 라이브러리를 설치한다. /python/build_all/linux/로 가서 다음과 같이 명령을 입력한다.

```
$ cd ../../../
$ cd python/build_all/linux/
$ ./setup.sh
$ ./build.sh
```

설치가 끝났다면 〈sdk_azure_iot_hub〉/python/device/samples/ 폴더에 iothub_client.so라는 라이브러리 파일이 생성된다. 이 파일을 현재 작업하는 폴더로 복사하거나, 이 라이브러리 파일의 경로를 현재 라즈베리 파이에 설정된 파이썬 라이브러리 경로에 추가한다.

이제 애저 IoT에 연결하는 예제 프로그램을 작성해 보자. 예제 코드는 https://github.com/Azure/azure-iot-sdks에 있는 파이썬 샘플 프로그램을 수정하는 방식으로 작성한다. 다시 말해 샘플 코드에 보드의 센서를 통해 측정한 온도와 습도 값을 애저 IoT 허브로 보내는 코드를 추가한다.

작성한 파이썬 코드는 다음과 같다.

```
#!/usr/bin/env python

import random
import time
import sys
import iothub_client
from iothub_client import *
```

```python
# messageTimeout - 메시지 타임 아웃의 최대 시간 (ms 단위)
message_timeout = 10000

receive_context = 0
avg_temperature = 0
avg_humidity = 0
message_count = 3
received_count = 0

# 전역 카운터
receive_callbacks = 0
send_callbacks = 0

# 전송 프로토콜은 MQTT를 사용함
protocol = IoTHubTransportProvider.MQTT

# 호스트네임, 장치 ID, 장치 키를 담은 문자열로서, 포맷은 다음과 같다.
# "HostName=<host_name>;DeviceId=<device_id>;SharedAccessKey=<device_
key>"
connection_string = "[device connection string]"

msg_txt = "{\"deviceId\": \"<device_id>\",\"temperature\":
%.2f,\"humidity\": %.2f}"

# 일부 임베디드 플랫폼에서는 인증서 정보가 있어야 한다.
def set_certificates(iotHubClient):
    from iothub_client_cert import certificates
    try:
        iotHubClient.set_option("TrustedCerts", certificates)
        print("set_option TrustedCerts successful")
    except IoTHubClientError as e:
        print("set_option TrustedCerts failed (%s)" % e)


def receive_message_callback(message, counter):
    global receive_callbacks
    buffer = message.get_bytearray()
```

```python
    size = len(buffer)
    print("Received Message [%d]:" % counter)
    print("    Data: <<<%s>>> & Size=%d" % (buffer[:size].decode('utf-8'),
size))
    map_properties = message.properties()
    key_value_pair = map_properties.get_internals()
    print("    Properties: %s" % key_value_pair)
    counter += 1
    receive_callbacks += 1
    print("    Total calls received: %d" % receive_callbacks)
    return IoTHubMessageDispositionResult.ACCEPTED


def send_confirmation_callback(message, result, user_context):
    global send_callbacks
    print(
        "Confirmation[%d] received for message with result = %s" %
        (user_context, result))
    map_properties = message.properties()
    print("    message_id: %s" % message.message_id)
    print("    correlation_id: %s" % message.correlation_id)
    key_value_pair = map_properties.get_internals()
    print("    Properties: %s" % key_value_pair)
    send_callbacks += 1
    print("    Total calls confirmed: %d" % send_callbacks)


def iothub_client_init():
    # iothub 클라이언트 준비
    iotHubClient = IoTHubClient(connection_string, protocol)
    # 메시지 타임아웃 시간 설정
    iotHubClient.set_option("messageTimeout", message_timeout)

    if iotHubClient.protocol == IoTHubTransportProvider.MQTT:
        iotHubClient.set_option("logtrace", 0)
    iotHubClient.set_message_callback(
        receive_message_callback, receive_context)
```

```
        return iotHubClient


def iothub_client_sample_run():

    try:
        iotHubClient = iothub_client_init()

        while True:
            # 1분마다 메시지를 보낸다.
            print("IoTHubClient sending %d messages" % message_count)

            for i in range(0, message_count):
                msg_txt_formatted = msg_txt % ((random.random() * 4 +
10), (random.random() * 4 + 60))
                # 메시지는 문자열 또는 바이트 배열로 인코딩한다.
                if (i & 1) == 1:
                    message = IoTHubMessage(bytearray(msg_txt_formatted,
'utf8'))
                else:
                    message = IoTHubMessage(msg_txt_formatted)
                # 옵션: id 할당
                message.message_id = "message_%d" % i
                message.correlation_id = "correlation_%d" % i
                # 옵션: 우선 순위 할당
                prop_map = message.properties()
                prop_text = "PropMsg_%d" % i
                prop_map.add("Property", prop_text)
                iotHubClient.send_event_async(message, send_confirmation_
callback, i)
                print(
                    "IoTHubClient.send_event_async accepted message [%d]"
                    " for transmission to IoT Hub." %
                    i)

            # 명령을 기다리거나 종료한다.
            print("IoTHubClient waiting for commands, press Ctrl-C to
```

```
exit")

                n = 0
                while n < 6:
                    status = iotHubClient.get_send_status()
                    print("Send status: %s" % status)
                    time.sleep(10)
                    n += 1

        except IoTHubError as e:
            print("Unexpected error %s from IoTHub" % e)
            return
        except KeyboardInterrupt:
            print("IoTHubClient sample stopped")


if __name__ == '__main__':
    print('Demo Azure IoT Hub')
    iothub_client_sample_run()
```

앞에서 복사해 둔 연결 문자열을 connection_string 변수의 값으로 지정하고, msg_txt 변수의 값 중에서 <device_id>에 실제 사용할 장치 ID를 입력한다.

작성한 코드를 ch06_02.py 파일에 저장한다. 프로그램을 실행하는 명령은 다음과 같다.

$ python ch06_02.py

이 프로그램은 온도와 습도 값에 대한 메시지를 message_count 변수로 지정한 개수만큼 보낸다. message_count의 디폴트 값은 3으로 지정했다.

266

예제 프로그램을 실행하면 다음과 같은 결과를 볼 수 있다.

```
● ● ●    agusk — pi@raspberrypi: ~/Documents/book — ssh pi@192.168.0.12 — 80×28
[pi@raspberrypi:~/Documents/book $ python ch06_02.py
Demo Azure IoT Hub
Info: IoT Hub SDK for C, version 1.0.13
IoTHubClient sending 3 messages
IoTHubClient.send_event_async accepted message [0] for transmission to IoT Hub.
IoTHubClient.send_event_async accepted message [1] for transmission to IoT Hub.
IoTHubClient.send_event_async accepted message [2] for transmission to IoT Hub.
IoTHubClient waiting for commands, press Ctrl-C to exit
Send status: BUSY
Confirmation[0] received for message with result = OK
    message_id: message_0
    correlation_id: correlation_0
    Properties: {'Property': 'PropMsg_0'}
    Total calls confirmed: 1
Confirmation[1] received for message with result = OK
    message_id: message_1
    correlation_id: correlation_1
    Properties: {'Property': 'PropMsg_1'}
    Total calls confirmed: 2
Confirmation[2] received for message with result = OK
    message_id: message_2
    correlation_id: correlation_2
    Properties: {'Property': 'PropMsg_2'}
    Total calls confirmed: 3
Send status: IDLE
Send status: IDLE
Send status: IDLE
Send status: IDLE
```

장치 탐색기 도구를 통해 전달한 메시지를 볼 수 있다. Data 탭을 클릭한 뒤, Monitor 버튼을 클릭하면 이 장치로 들어오는 메시지를 살펴볼 수 있다. 아래 그림은 이렇게 실행한 결과를 보여주고 있다.

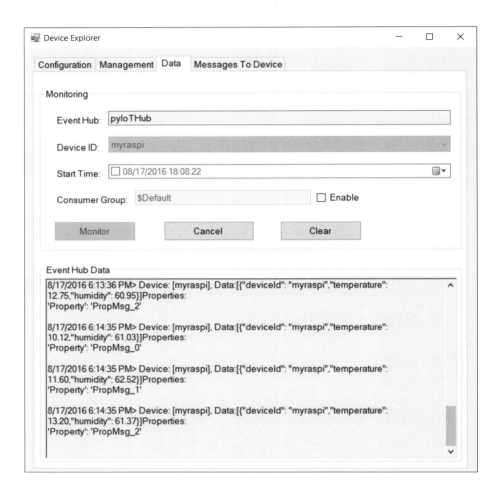

프로그램의 실행 과정을 하나씩 살펴보자. 이 프로그램에서는 `iothub_client_sample_run()` 함수를 호출하는 것으로 시작한다. 이 함수 안에서 가장 먼저 `iothub_client_init()` 함수를 호출하여 애저 IoT 허브 라이브러리를 초기화한다. 이 때 전송 프로토콜을 MQTT로 지정한다.

```
def iothub_client_init():
    # iothub 클라이언트 준비
    iotHubClient = IoTHubClient(connection_string, protocol)
    # 메시지 타임아웃 시간 설정
    iotHubClient.set_option("messageTimeout", message_timeout)
```

```
if iotHubClient.protocol == IoTHubTransportProvider.MQTT:
    iotHubClient.set_option("logtrace", 0)
iotHubClient.set_message_callback(
    receive_message_callback, receive_context)
return iotHubClient
```

그러고 나서 보낼 메시지를 만든다. 예제에서는 온도와 습도 값을 random.random()
함수로 생성한다.

```
msg_txt_formatted =
    msg_txt % ((random.random() * 4 + 10), (random.random() * 4 + 60))
# 메시지는 문자열 또는 바이트 배열로 인코딩한다.
if (i & 1) == 1:
    message = IoTHubMessage(bytearray(msg_txt_formatted, 'utf8'))
else:
    message = IoTHubMessage(msg_txt_formatted)
```

이제 메시지 ID와 우선 순위를 지정한 뒤 send_event_async()를 호출하여 메시지
를 애저 IoT 허브로 보낸다.

```
# 옵션: id 할당
message.message_id = "message_%d" % i
message.correlation_id = "correlation_%d" % i
# 옵션: 우선 순위 할당
prop_map = message.properties()
prop_text = "PropMsg_%d" % i
prop_map.add("Property", prop_text)
iotHubClient.send_event_async(message, send_confirmation_callback, i)
```

이 프로그램은 n번 실행된다. n의 값은 message_count로 지정했다.

데이터 과학용 클라우드 구축 방법

물리적인 센서 장치로부터 데이터를 받아오면, 특정한 종류의 데이터가 쌓인다. 이제 이렇게 수집한 데이터를 어떻게 활용할지를 진지하게 고민해야 한다. 목적을 정했다면 데이터를 분석하여 중요한 사실을 도출해야 한다. 이 과정에서 머신 러닝, 데이터 과학, 데이터 마이닝과 같은 데이터 분석 기법을 적용한다.

머신 러닝 알고리즘을 수행하는 시스템을 직접 구축하려면 비용이 많이 든다. 머신 러닝 시스템을 구축하기 위한 한 가지 방법은 데이터 과학용 클라우드를 활용하는 것이다.

현재 대량의 데이터를 처리할 수 있는 데이터 분석 서비스를 제공하는 클라우드 서비스는 다양하게 나와 있다. 서비스마다 여러 가지 머신 러닝 알고리즘을 제공하고 있다. 또한 마이크로소프트, 아마존, 구글에서는 이러한 서비스를 IoT 보드와 연결하는 기능도 제공한다.

이 절에서는 마이크로소프트 애저 ML^{Microsoft Azure Machine Learning}(기계 학습) 서비스를 이용하는 방법을 소개한다. 구현 작업은 마이크로소프트에서 제공하는 애저 ML 스튜디오^{Azure ML Studio}로 처리한다. 자세한 사용법은 https://studio.azureml.net을 참고하기 바란다.

예제에서는 머신 러닝의 예로 많이 사용하는 아이리스(붓꽃) 분류를 구현한다. 학습용 데이터는 https://archive.ics.uci.edu/ml/datasets/Iris에서 구할 수 있다.

그럼 본격적으로 시작해 보자.

애저 ML 스튜디오 설치하기

애저 ML 스튜디오를 설치하려면 마이크로소프트 애저에 대한 구독 계정이 있어야 한다. 브라우저 창을 띄우고 https://studio.azureml.net/로 간다.

애저 ML 스튜디오를 이용하면 머신 러닝 모델을 쉽게 만들 수 있다. 애저 ML 스튜디오는 여러 가지 머신 러닝 알고리즘과 이에 관련된 전처리 및 후처리 기능을 다양하게 제공한다. 시작하기 앞서 애저 ML 문서(https://docs.microsoft.com/ko-kr/azure/machine-learning/, 영문 버전은 https://azure.microsoft.com/en-us/documentation/services/machine-learning)를 먼저 읽어보기 바란다.

다음 그림은 애저 ML 스튜디오로 머신 러닝 모델을 설계하는 모습을 보여주고 있다.

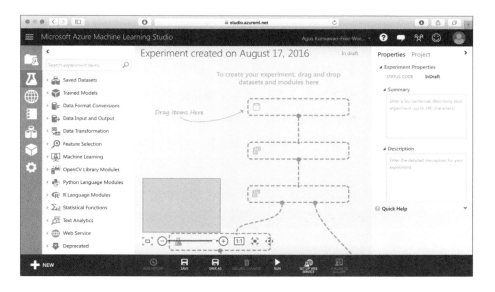

도구 상자에서 ML 컴포넌트를 클릭해서 디자인 폼으로 드래그하기만 하면 된다. 예를 들어 신경망을 이용하여 아이리스를 분류하기 위한 머신 러닝 모델을 만들려면 다음과 같이 그리면 된다.

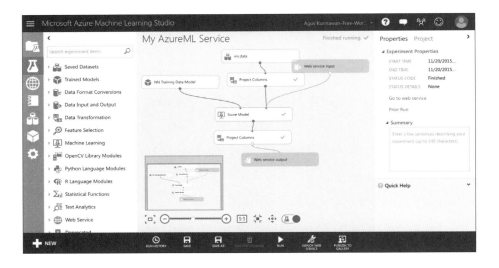

웹 서비스 형태로 애저 ML 배포하기

애저 ML 스튜디오에서 만든 모델은 웹 서비스 형태로 배포할 수도 있다. 모델에서
웹 서비스의 입력과 출력 포인트만 지정하면 된다. 그러고 나서 하단 메뉴에 있는
웹 서비스로 배포DEPLOY WEB SERVICE 버튼을 클릭한다. 그러면 다음과 같이 웹 서비스 대
시보드가 나타난다.

시험해보기 위해 **테스트**^{Test} 버튼을 클릭한다. 그러면 다음 그림처럼 모달 방식의 창이 하나 뜬다.

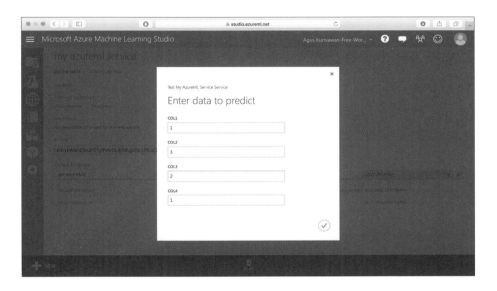

웹 서비스 입력으로 반드시 넣어야 할 값을 모두 채운 다음, 우측 하단의 체크 표시 버튼을 클릭한다. 그러면 다음과 같이 웹 화면이 나타난다.

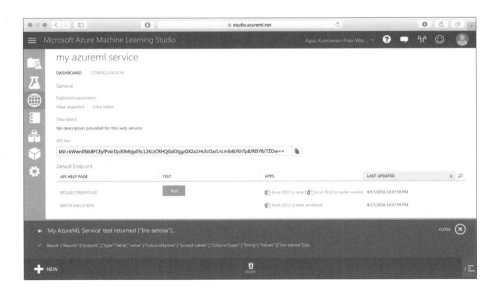

IoT 보드에서 이 웹 서비스를 사용하도록 예제를 구성했다. IoT 보드는 센싱 노드로 사용한다. 분류와 예측과 같은 계산 작업은 클라우드 서버에서 처리한다.

데이터 과학용 클라우드로 IoT 애플리케이션 만들기

복잡한 IoT 시스템을 만들 때 백엔드로 클라우드 서버를 활용하면 편하다. 앞서 설명한 바와 같이 IoT 보드는 대체로 리소스가 넉넉하지 않기 때문에 복잡한 알고리즘을 처리하는 데 한계가 있다.

온도와 습도 센서를 장착한 IoT 보드를 여러 개 만들어서 다양한 지점에 설치한 경우를 생각해 보자. 각각의 보드마다 센서로 수집한 데이터를 서버로 보낸다. 백엔드 서버는 스토리지 서버와, 데이터를 처리하고 예측 값을 구하는 머신 러닝 서버로 구성할 수 있다. 데이터를 처리해서 예측한 결과는 다시 사용자에게 전달한다.

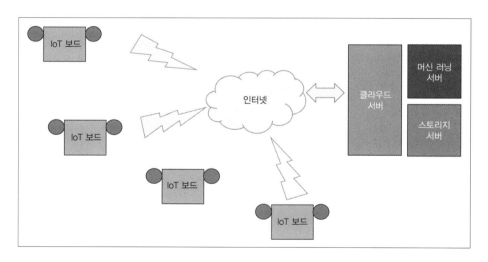

이 시나리오는 머신 러닝 클라우드의 활용 방법에 대한 한 가지 예에 불과하다. 다른 종류의 데이터를 처리하는 시스템도 여기서 소개한 구조로 구축할 수 있다.

찾아보기

에이콘출판의 기틀을 마련하신 故 정완재 선생님 (1935-2004)

스마트 IoT 프로젝트

스마트 온도 조절기, 머신 비전, 자율 주행 자동차 로봇 포함 다양한 사물 인터넷 구현

발 행 | 2017년 5월 31일

지은이 | 아구스 쿠니아완
옮긴이 | 남기혁 · 윤여찬

펴낸이 | 권 성 준
편집장 | 황 영 주
편 집 | 배 혜 진
디자인 | 박 주 란

에이콘출판주식회사
서울특별시 양천구 국회대로 287 (목동 802-7) 2층 (07967)
전화 02-2653-7600, 팩스 02-2653-0433
www.acornpub.co.kr / editor@acornpub.co.kr

한국어판 ⓒ 에이콘출판주식회사, 2017, Printed in Korea.
ISBN 978-89-6077-796-5
ISBN 978-89-6077-210-6 (세트)
http://www.acornpub.co.kr/book/smart-iot-projects

이 도서의 국립중앙도서관 출판시도서목록(CIP)은 서지정보유통지원시스템 홈페이지(http://seoji.nl.go.kr)와
국가자료공동목록시스템(http://www.nl.go.kr/kolisnet)에서 이용하실 수 있습니다.(CIP제어번호: CIP2017011486)

책값은 뒤표지에 있습니다.